SOUVENIRS

ANECDOTIQUES

SUR LA TURQUIE.

Typographie Firmin-Didot. — Mesnil (Eure).

SOUVENIRS

ANECDOTIQUES

SUR LA TURQUIE

(1820 — 1870),

PAR WANDA.

PARIS,

LIBRAIRIE DE FIRMIN-DIDOT ET CIE,

IMPRIMEURS DE L'INSTITUT, RUE JACOB, 56.

1884.

A

MONSIEUR LE COLONEL COMTE DE MEFFRAY

MARQUIS DE CÉSARGES.

Monsieur le Comte,

L'intérêt que vous portez à la Turquie, que vous avez aimée, servie, et dont le sort continue à vous préoccuper; celui que vous avez bien voulu témoigner à ces souvenirs anecdotiques qui vous sont connus pour la plupart, m'encourage à les mettre sous votre patronage. Recueillis de la bouche de mon père qui, pendant la plus longue partie de sa vie, a consacré son intelligence et son savoir-faire à son pays d'adoption, je les livre à la publicité sous vos auspices. C'est leur assurer ainsi une protection et un appui.

WANDA.

SOUVENIRS ANECDOTIQUES

SUR LA TURQUIE.

A l'époque où je faisais mes études, dans la période de transition entre l'enfance et l'adolescence, les anecdotes sur les hommes illustres et célèbres qui se trouvaient dans les grammaires comme exemples, dans les livres instructifs à l'usage des enfants, dans les almanachs même, faisaient une vive impression sur mon imagination. C'était, pour ainsi dire, comme un aiguillon qui me poussait à compléter la faible somme de connaissances acquises par les courts récits que j'avais eus sous les yeux.

Cet intérêt, ce respect pour les anecdotes, je les ai conservés jusque dans l'âge avancé où je suis arrivé. Aujourd'hui, complètement isolé des hommes et du monde, vivant dans la retraite où je fais une rude pénitence de mes péchés d'autrefois, pour éloigner autant que possible les souffrances journalières et les regrets qui m'assiègent, j'évoque le passé et j'écris ces anecdotes dont j'ai pour ainsi dire été le témoin.

Mes petits-enfants qui, je l'espère, vivront d'une vie moins tourmentée, liront, peut-être avec intérêt, ces rapsodies d'un vieillard.

Je me borne à la Turquie, à l'Orient slave où j'ai vécu d'une vie d'action, car je suis Slave et homme d'Orient, de race, de cœur et d'âme.

Avant d'arriver aux faits dont j'ai été témoin, aux hommes que j'ai connus sous les règnes de deux sultans, Abdul Medjid et Abdul Azis, que j'ai servis trente ans avec ma plume et mon épée, je regarde comme utile de dire quelques mots anecdotiques sur leur père, le sultan Mahmoud.

Le sultan Mahmoud était incontestablement un monarque d'une volonté inflexible et d'une rare énergie. Il possédait beaucoup de qualités absolument nécessaires à un souverain despotique ; par-dessus tout il savait dire : Je veux, et ce que je veux doit être fait; mais il n'avait pas reçu d'éducation qui développât son cœur et son intelligence ; il n'avait point fait d'études sur les hommes et sur les choses humaines. Ayant passé sa jeunesse dans la réclusion, sous une surveillance étroite et vexatoire, il s'était aigri contre lui-même et contre les autres.

Sortant de sa prison pour monter sur le trône, sans transition aucune, il n'eut ni ami, ni confident, ni conseiller; il n'en chercha pas, tout au contraire, il éprouva de la répugnance à entrer en relation avec les hommes.

Il voulut trouver en lui tous les éléments nécessaires pour gouverner et régner. Il n'avait pas une idée claire et nette de la façon dont il devait conduire les affaires de son empire. Il sentait par intuition le besoin des réformes, mais il les dirigea au gré de ses caprices, à travers le vague de ses perceptions indécises, sans avoir tracé de plan d'avance. Le système d'éducation que le sultan Mahmoud adopta pour ses deux fils est la preuve la plus frappante de la conception incomplète qu'il avait des changements qui devaient être introduits dans l'organisation de l'empire et des voies par lesquelles on y devait arriver. Cependant, il ne pouvait pas ne pas voir, dans ces jeunes princes, des successeurs appelés, dans un temps plus ou moins long, à continuer et à diriger les réformes entreprises par leur père.

L'aîné, Abdul Medjid, reçut une éducation occidentale, étudia le français. Dès son enfance on développa dans son cœur les sentiments d'humanité, d'indulgence, de justice et de magnanimité. Il était entouré d'un groupe de jeunes Turcs ayant reçu une éducation européenne. Il aimait à lire et à se faire faire la lecture, à s'instruire sur la politique; il était généreux envers ses serviteurs et charitable envers les pauvres. Il s'informait des familles tombées dans le malheur et aimait à leur venir en aide.

Son cœur bon et sensible se manifestait quelquefois dans des puérilités. Il ne pouvait supporter les mouches dans ses appartements, mais ne voulait pas qu'on les tuât.

Dans l'embrasure de chaque fenêtre se trouvait une quantité de petits cornets de papier dans lesquels on devait enfermer ces insectes pris vivants et leur rendre la liberté dans les jardins. Il n'aimait pas les chats qui étouffent les oiseaux, les rossignols surtout pour lesquels il avait une passion. Il payait cinq piastres par chat que l'on attrapait. Quand il sut que ces animaux étaient victimes de cette chasse, il défendit de payer au palais même, fit installer un payeur à Riva, lieu désert situé sur la côte asiatique du Bosphore, à l'embouchure de la rivière de ce nom dans la mer Noire. Ce payeur était un Samogitien du nom de Sérafinovitch qui, en travaillant dans les jardins du sultan, avait attiré sur lui l'attention du jeune prince par la façon recueillie dont il faisait ses prières, à ses moments de loisir.

Le voyant agenouillé et faire dévotement le signe de la croix, il dit : « Cet homme doit être honnête, puisqu'il honore aussi son Dieu, » et il ne s'était point trompé.

Je cite ces détails futiles, en apparence, pour donner une idée juste des dispositions et des sentiments du fils premier-né du sultan Mahmoud.

Le second prince impérial fut élevé par des eunuques et des hodjas (professeurs) turcomans de Bokara et de Samarcand; il reçut une éducation orientale qui n'était ni arabe, ni persane, mais se rapprochait de celle des anciens Tatars. Le jeune prince se livrait avec passion à la gymnastique; sa suite se composait d'athlètes et de cavaliers habiles dans l'exercice de la lance. Il possédait une ménagerie dans les jardins du palais, des volières peuplées d'une multitude d'oiseaux de toutes les espèces. Les combats de coqs, de dindons et de jars étaient ses divertissements favoris. Souvent il tranchait de son sabre de damas les pattes des combattants et lui-même luttait avec les pehliwans (lutteurs).

Dans le jardin du Tchiragan, entre la colline et la pièce d'eau, il y avait une plaque de marbre longue de vingt pieds. Le jeune prince, montant son cheval arabe favori, noir coursier du Nejdj, se lançait au galop sur la pente rapide, d'un brusque mouvement, il arrêtait le cheval au commencement du pavé de marbre, le faisait plier sur ses jarrets et glisser jusqu'au bord de l'étang, puis l'enlevait avec la bride, avec les éperons et franchissait l'obstacle pour se perdre dans les profondeurs du jardin. Vaillant animal et vaillant cavalier! Tous, même le sultan, étaient en admiration devant ce tour de force.

Telle était l'éducation que recevaient les jeunes princes, d'après la volonté de leur père et sous son œil vigilant. Mahmoud avait pour médecin Abdul Haki effendi, qui était en même temps uléma et possédait par conséquent la science occidentale et la science orientale; il aimait à lui répéter en faisant allusion à ses fils : « C'est une épreuve, nous verrons celui qui conviendra le mieux à l'empire. »

Le général Chrzanowski, qui voyageait alors en Turquie sous le nom de général King et à qui revient le mérite d'avoir le premier tracé sur le papier le plan de réorganisation de l'armée turque, disait que le sultan voulait par un de ses fils s'attirer la sympathie de l'Europe, par l'autre montrer ses ongles d'épervier à l'Orient et à l'Occident.

Étranges étaient les aspirations et les bonds réformateurs de sultan Mahmoud. Pour inaugurer les réformes, il abandonnait parfois la chaussure musulmane pour la remplacer par des bottes à la Napoléon, à talons et garnies d'éperons. Ces bottes lui servaient à châtier les prévaricateurs, les négligents ou les employés et les hauts dignitaires porteurs de mauvaises nouvelles. D'un coup de main, il renversait le coupable et le labourait de ses talons, à la réformateur. Il ne put jamais se déshabituer de ces actes de violence.

Pertew pacha, l'un des deux plus capables hommes d'État de son règne, accusé de sympathies pour la Russie, fut exilé à Andrinople.

Là, le sultan lui envoya un mikmandar (exprès) avec du café empoisonné et un cordon de soie. Par égard pour ses anciens services, il lui permit, lorsque les effets du poison commenceraient à se faire sentir, de se mettre volontairement au cou le cordon fatal et de se faire étouffer selon les ordres de son maître. — Le second favori, Artin effendi, Arménien, remarquable financier de l'époque, eut tout simplement la tête tranchée.

Après la mort de ces deux hauts dignitaires, les principaux exécuteurs des volontés du sultan furent le médecin Abdul Haki effendi et Husrew pacha, Circassien abaze surnommé Topal, c'est-à-dire boiteux.

Abdul Haki effendi était un courtisan grave, de formes européennes, pesant ses paroles, strict observateur du cérémonial de la cour, poli, affable, quoique fier, un vrai grand seigneur, un magnat de l'islam.

Husrew pacha était un courtisan flatteur, obséquieux, intelligent en même temps, ayant le grand mérite de comprendre les réformes et la nécessité de l'éducation pour la jeunesse turque. Il envoya plusieurs jeunes gens dans les capitales de l'Europe pour y être instruits à ses frais. Il protégeait les Européens qui venaient s'établir en Turquie; il appuyait leur action afin de la faire servir à l'avantage des réformes. A côté de ces grandes qualités perçaient certains vices orientaux, qu'il considérait comme une bagatelle nécessaire : l'empoisonnement par le café, par exemple.

Il avait auprès de lui un médecin grec du nom de Constantin Marcopoulo. Quand on introduisait le visiteur condamné d'avance, le pacha frappait des mains disant : « Costaki, donne-lui du café, mais du bon ! » Bon gré, mal gré, le malheureux devait boire le breuvage fatal; le poison était prompt et subtil, l'effet en était rapide; le cadavre était jeté dans le Bosphore ou porté au cimetière.

La maxime politique de Husrew était celle-ci : Si tu as un ennemi puissant que tu ne saurais atteindre, fais-toi son ami, serre-lui la main assez fort pour comprimer et paralyser ses veines; quand elles seront desséchées, frappe cette main, elle tombera.

Quand Husrew était destitué et restait aux arrêts dans son palais, ce qui lui arrivait souvent, le baromètre des dispositions de la cour à son égard, c'était l'attitude des caïkdjis (rameurs) qui passaient sous ses fenêtres, dans leurs frêles embarcations. S'ils regardaient son palais hardiment ou indifféremment, c'était mauvais signe; ils n'avaient point peur. S'ils baissaient les yeux, paraissaient humbles et craintifs, c'était de bon augure; ils craignaient le retour de son pouvoir et de sa faveur.

Selon lui, les bateliers qui conduisaient tant de passagers divers avaient la facilité d'entendre toutes les nouvelles venant du palais ou circulant dans la ville; ils reflétaient l'opinion publique.

Tels étaient les deux hommes qui se partageaient la faveur du sultan. La concorde régnait, en apparence, entre eux, mais en réalité ils se jalousaient et se jouaient des tours à l'occasion.

Du temps de la guerre entre la Turquie et la Russie, en 1828, Husrew pacha était kapoudan (grand amiral et grand vizir de la Porte). Lorsque Varna fut pris par l'ennemi, le devoir du pacha était d'en avertir le sultan. Le rusé Circassien se rendit au palais; en même temps, il envoya à Haki effendi un de ses familiers chargé de lui faire entendre que le sultan avait déjà appris la fatale nouvelle. L'uléma savait que celui qui portait de tels messages avait affaire aux bottes réformatrices de Mahmoud. Le sultan, après s'être laissé aller à ses emportements redoutés, les regrettait, en avait honte peut-être, et faisait tomber ses faveurs et ses présents sur celui qui s'approchait ensuite, soit pour le consoler, soit pour l'entretenir des affaires publiques.

Haki effendi se rendit en toute hâte au palais, trouva dans l'antichambre Husrew pacha les vêtements en désordre, fatigué, haletant, se promenant de long en large.

« Eh quoi! tu as reçu les coups, » lui dit-il. Husrew, d'une voix tremblante, répondit : « Cela va mal, très mal. » Son interlocuteur ne le plaignit pas longtemps, mais sans perdre de temps s'introduisit dans la chambre du sultan dont il avait l'entrée libre.

Le monarque était triste et soucieux, à moitié couché sur le sofa. Abdul Haki se jeta à ses genoux :

« Illustre souverain, chef de l'islam, pourquoi t'attrister? c'est un brillant de moins à ta riche couronne.

— Qu'est-ce? de quel brillant parles-tu?

— De Varna.

— Eh quoi! Varna?

— Mais Varna est tombé entre les mains des Russes; ne le sais-tu pas, maître du monde? »

A cette réponse, le sultan se leva subitement de son sofa, accabla le malheureux Haki de coups et le jeta à la porte.

L'infortuné médecin ne trouva plus Husrew dans l'antichambre. Par une autre porte il était entré chez le sultan. Il le consola, lui donna des détails sur la catastrophe, reçut l'ordre de reprendre Varna et promit de réussir. Il revint chez lui comblé de grâces et de présents. Abdul Haki effendi ne lui fit aucun reproche.

Quelques années plus tard, Mahmoud était couché sur son lit de mort, Haki effendi l'assistait comme médecin. Husrew était alors grand vizir.

L'usage prescrivait aux hauts dignitaires de s'informer fréquemment de la santé du souverain et, à chaque bonne nouvelle, d'envoyer un présent en argent au médecin en signe de satisfaction.

Husrew chargea son aide de camp de cette mission. Le médecin répondit : « Grâce à Dieu, il ne souffre pas, il repose. » Husrew, à l'instant, par le même messager, fit donner ordre à son banquier de payer cent mille piastres à Abdul Haki effendi. Lui-même se rendit au palais. Le médecin avait immédiatement envoyé chercher l'argent et, quand Husrew se présenta, il l'introduisit dans la chambre où se trouvait le corps du sultan défunt en disant : « Il repose et ne souffre plus. »

Husrew réclama l'argent envoyé en présent; Abdul Haki effendi sourit. « C'est une compensation des coups que j'ai reçus pour toi, lors de la prise de Varna. »

Depuis, ils restèrent toujours de bons amis.

Le sultan Mahmoud aimait beaucoup la chasse et les chiens de chasse qui, en dépit des usages et des préjugés musulmans, entraient dans les appartements et se couchaient sur les sofas.

Un jour, après une fatigante excursion dans les environs de Constantinople, le sultan se reposait au kiosque de Félibé, situé à trente milles à peu près de la capitale. Deux des chiens, qui s'étaient signalés, ce jour-là, étaient assis sur le divan du salon aux côtés de Mahmoud, quand le hodja du village, homme fanatique et ennemi des réformes, fut introduit auprès du souverain.

La vue des chiens, animaux impurs, qui n'étaient pas même des lévriers, mais des chiens courants, excita une vive colère dans l'âme du hodja, colère que, pour son malheur, il ne parvint pas à dominer. Sur un signe du sultan, il s'accroupit sur le tapis, puis fit, en portant la main à son front et à son cœur, un profond salut aux deux animaux. Mahmoud lui demanda ce que cela signifiait ; il répondit :

« Je salue mes frères en islam, les compagnons du calife.

Le sultan frappa dans ses mains; des serviteurs accoururent. Il fit signe de la tête au chef de sa garde, frotta ses mains l'une contre l'autre. On emmena le hodja qui, à l'instant même, eut la tête tranchée sous les fenêtres même du souverain.

Un autre incident qui eut lieu à la chasse eut un dénouement tout à fait différent.

Le sultan Mahmoud s'adonnait avec passion à la chasse aux lévriers; lui-même et chacune des personnes qui formaient sa suite tenaient un lévrier en laisse. Celui des chasseurs devant lequel se levait le gibier lâchait son chien et s'élançait à sa suite en criant : « Attrape, attrape! » Le sultan laissait courir le sien au moment qui lui semblait opportun, mais il fallait toujours que celui-là prît le lièvre. Malheur au grand veneur et à celui qui tenait le lévrier qui avait la témérité de devancer celui du monarque! tous deux recevaient de rudes coups de cravache.

A l'une de ces chasses, le sultan conduisait un lévrier noir et Tefik bey, l'un de ses pages, un blanc. Les deux chiens couraient après le même lièvre; le sultan s'était mis à leur poursuite, le blanc filait comme l'éclair; encore un bond il allait saisir le lièvre, quand celui-ci fit un crochet et entra dans les ruines du palais de Halkali. Tefik bey, tremblant de peur, se jeta aussi dans les ruines et arriva juste à temps pour voir le lévrier blanc sauter dans une mare et saisir le lièvre. Il descendit vivement de cheval et promptement inonda de boue son maladroit champion. Le sultan accourut à son tour et demanda : « Qui a pris le lièvre? » Tefik bey répondit : « le noir, » et montra le chien. Le sultan regarda et ne dit rien.

Au retour de la chasse, Tefik bey fut nommé pacha et aide de camp de Sa Majesté. Le sultan dit aux dignitaires qui l'entouraient : « Il faut élever et récompenser les hommes qui, pour plaire à leur souverain, savent faire passer pour noir ce qui est blanc. »

En 1835, un Français, nommé Soulié, directeur de cirque, obtint la faveur de donner une représentation devant le sultan. Les exercices, les tours de force des écuyers et des clowns lui plurent beaucoup; il les fit répéter à plusieurs reprises. Celui qui attira le plus son attention était un Polonais, du nom de Paul Szymanski, qui excellait dans le maniement de la lance, ce qui l'avait fait surnommer première lance de Pologne. Il montait à cheval admirablement et savait manier les chevaux les plus sauvages et les plus vicieux. Il était mince, de taille moyenne et très flexible. Le sultan le fit appeler au palais et lui demanda, lorsqu'il lui fut présenté, s'il pourrait monter le premier cheval venu; il répondit qu'il croyait pouvoir le faire.

A l'instant on amena dans la cour un cheval bai, splendide de formes; il avait des entraves aux pieds et plusieurs palfreniers le conduisaient. Personne n'avait encore pu le monter.

Szymanski s'en approcha, le flatta de la main, lui parla, lui caressa l'encolure et d'un saut se mit en selle. On délivra le sauvage animal de ses liens, il se mit à bondir d'une manière terrible. Tous les spectateurs étaient sûrs que Szymanski ne sortirait pas vivant de cette épreuve. Après une demi-heure d'efforts, de lutte avec le coursier indompté, celui-ci commença à marcher au pas; le cavalier évidemment lui imposait sa volonté. Au bout d'une heure, le cheval trottait, galopait, faisait des voltes tranquillement et docilement. Szymanski saisit une lance et se livra à tous les exercices qu'il était habitué de faire, il tira même du pistolet. Le sultan était en admiration et criait : « Aferim, aferim ! » (bravo). Il fit donner à l'incomparable écuyer trente bourses (chaque bourse vaut 500 piastres), un sabre monté en or orné de pierres précieuses dont la lame était de Damas, enfin il le nomma colonel de cavalerie.

Szymanski, malgré son habileté prodigieuse à monter à cheval et à faire les armes, n'avait point l'âme guerrière; les larmes aux yeux, il pria qu'on ne le fît pas colonel. Quand on transmit sa demande au sultan, il fronça le sourcil et dit : « Ou il sera colonel, ou il mourra. » Le dignitaire compatissant, qui apporta cette réponse au pauvre écuyer, lui demanda s'il connaissait la médecine : « Non, dit-il, mais je suis vétérinaire. » Le dignitaire se mit à rire : « Dieu soit loué, puisque tu possèdes ces connaissances, tu seras colonel-médecin en chef d'un régiment de cavalerie; il eût été dommage de couper la tête à un cavalier tel que toi. » Szymanski est devenu non seulement colonel-médecin, mais, avec le temps, alchimiste, dit-on. Sur la fin de sa vie, il se retira à Jérusalem où il se constitua gardien du tombeau du Christ.

Après le traité d'Unkiar-Skelessi, on envoya à Pétersbourg une ambassade pour le ratifier. Elle était composée de Halil pacha, gendre du sultan, Circassien d'origine, d'Ahmed pacha, amiral de la flotte ottomane, du logothète Aristarchi bey, fanariote remplissant les fonctions de conseiller et de drogman. L'aide de camp attaché à cette ambassade était le colonel Ali Therkess, qui devint plus tard général. Excepté Aristarchi, tous étaient de hauts dignitaires; mais ce n'étaient ni des diplomates, ni des hommes d'État; c'étaient simplement des hommes de la destinée. On raconte de cette mission des choses singulières auxquelles je ne puis point croire, car je n'ai pu rien apprendre d'authentique à ce sujet; je cite les faits comme amusants, curieux et très vraisemblables pour ceux qui ont connu les hauts fonctionnaires turcs de cette époque. Il s'agissait de céder l'Abasie à la Russie et de reconnaître ses droits sur cette province. Les Turcs écoutèrent tout ce qu'on leur dit sans rien comprendre, la géographie étant pour eux chose inconnue, même celle du Caucase, quoique Halil pacha fût Abase et Ali bey Circassien. Aristarchi leur apporta une carte, leur désigna les points en contestation. A côté de cette carte était étendu sur la table un plan du jardin impérial de Saint-Pétersbourg. Les Turcs commencèrent à mesurer avec de petits papiers, des bouts de fil, l'Abasie sur la carte, puis le jardin du tsar sur le plan, sans consulter les échelles, ce dont ils n'avaient pas la moindre idée. Le lendemain matin tous les trois se rendirent au jardin impérial qu'ils mesurèrent avec leurs pas, de long en large. Ils se moquèrent des réclamations de la Russie au sujet d'un si petit morceau de terrain.

Rentrés chez eux, ils envoyèrent Aristarchi bey déclarer en leur nom qu'ils consentaient à céder l'Abasie à la Russie.

A leur retour, ils eurent à subir les effets de la colère du sultan, mais il n'y avait plus à revenir sur cette bévue; bon gré, mal gré il fallut l'accepter.

Je répète ce qui m'a été raconté; ceux qui ne savent pas jusqu'où pouvait aller l'ignorance d'un fonctionnaire de ce temps-là peuvent ranger cette anecdote parmi les fables; je passe maintenant à un fait véridique qui, selon moi, ne manque pas de signification politique.

Quand Halil pacha se rendit à l'audience d'adieu que lui accorda l'empereur Nicolas, il lui demanda si Sa Majesté n'avait aucune communication particulière à transmettre au sultan Mahmoud. L'empereur sourit et dit : « Dis au sultan qu'il se fasse orthodoxe, que je le soutiendrai et le défendrai comme un frère, qu'à nous deux nous saurons résister aux exigences de l'Occident, maintenir la paix, l'ordre en Orient et en Occident. » Paroles d'une grande signification. Le monarque semblait pénétrer les profondeurs de la vérité historique, c'est-à-dire comprendre que toutes ces guerres, prenant tantôt le nom de guerres turques, tantôt celui slavo-musulmanes, ou de chrétiennes, avaient été provoquées par une même cause, par le schisme de l'Église, d'où est résulté le partage de la chrétienté en Orient et en Occident, d'où provient la lutte plusieurs fois séculaire entre les deux antagonistes pour arriver à la domination du monde.

Halil pacha, à son retour à Constantinople, n'osa répéter ni au sultan, ni à qui que ce fût les paroles de l'empereur Nicolas, de peur que les fanatiques de l'islam ne s'en emparassent pour soulever l'opinion.

Lors de la maladie qui devait emporter le sultan, appelé par celui-ci auprès de son lit pour le distraire par des plaisanteries et des anecdotes que Mahmoud aimait à écouter, Halil s'enhardit à lui répéter mot pour mot ce qu'avait dit le tsar. Le sultan se dressa sur son séant, avec son énergie accoutumée, et s'écria : « Ane, pourquoi ne m'as-tu pas dit cela alors, peut-être eussé-je fait ce que conseillait l'empereur Nicolas; cela eût assuré le règne de ma dynastie et l'existence de mon empire. » Il retomba sur ses oreillers et d'une voix faible acheva : « Au moins, dis cela à mes fils. »

Quelques jours après, il mourut.

Ceci m'a été raconté par M. Arguiropoulo,

qui avait appartenu à la chancellerie de la mission envoyée à Pétersbourg. Il fut plus tard secrétaire du ministère des affaires étrangères ottoman, enfin premier drogman et gérant de l'ambassade russe à Constantinople. C'était un homme capable, connaissant parfaitement la politique orientale. Je l'ai rencontré à Odessa en 1872. Il vit encore et demeure dans ses biens en Bessarabie.

Le même fait avec certaines variantes m'a été redit par Riza pacha. La différence consistait en ce que le tsar n'aurait point parlé de religion, mais simplement d'une alliance avec la Turquie devant armer l'Orient contre l'Occident. Riza pacha ajouta qu'il n'y avait pas à craindre qu'Abdul Medjid suivît cette voie, car, par son éducation et ses sentiments, il était un homme d'Occident et le resterait toujours.

Abdul Azis effendi, alors héritier présomptif, avait une certaine sympathie pour la Russie, chose singulière chez un Turc, surtout chez un prince de la famille régnante.

Le sultan Abdul Azis adorait son père, qu'il considérait comme le plus grand et le plus puissant monarque du monde. Il semblait que les paroles de Halil pacha eussent fait une grande impression sur lui. Au commencement de son règne, emporté par le courant de l'Occident, retenu par la crainte d'aller contre les traditions, les sentiments, les idées de tout son peuple, il n'osait manifester ses tendances, mais elles existaient à l'état latent dans son âme; de temps en temps quelques timides manifestations extérieures attestaient leur existence et leur vitalité.

Malgré sa force physique, son énergie, le sultan Azis, loin d'être hardi, était plutôt craintif. De ce côté-là, il était bien inférieur à son frère Abdul Medjid qui, avec un corps faible, une santé chancelante, possédait une grande âme, la hardiesse et le courage dignes d'un grand prince.

L'épreuve faite par le sultan Mahmoud dans l'éducation politique de ses fils se réflétait jusque sur les hommes d'État de la Turquie. Tous ceux qui entouraient le sultan Abdul Medjid et servaient son gouvernement étaient, sauf de rares exceptions, des hommes d'Occident, comme Rechid pacha, Fuad pacha, Ali pacha, Mehmed Kibrizli pacha, Riza pacha, etc. Pendant les dernières années du règne d'Abdul Medjid le parti de l'Occident parut faiblir et l'on vit surgir des hommes nouveaux, des Turcs libéraux, comme Khalil Chérif pacha, Zia pacha, Mithad pacha; des Turcs voulant gouverner par eux-mêmes, comme Mehmed Ruchdi pacha, Hussein Avni pacha et toute sa phalange; mais ceux-là n'étaient pas des hommes d'État d'Orient.

Sous la dénomination d'homme d'Orient, j'entends celui qui d'instinct et par ses actes est un panislamiste. Or, pour l'être, il faut monter à cheval, tirer l'épée du fourreau et guerroyer comme Mahomet et ses lieutenants, imposer aux autres peuples l'islamisme ou sa domination. Je n'ai rencontré chez aucun haut fonctionnaire ces velléités belliqueuses et propagandistes; je ne crois pas qu'il y en ait. Ou bien, il faut devenir l'allié et le coopérateur de la Russie dans les affaires d'Orient. M.... N.... pacha est un homme d'État de cette trempe. Tel aurait été Abdul Azis s'il avait eu plus de conseillers dans le genre de M.... N.... pacha, et si on l'avait laissé régner plus longtemps.

Le sultan Abdul Medjid ne ressemblait à son père ni par ses idées, ni par ses sentiments, ni par sa conduite. Il suffit de citer des anecdotes connues de sa vie pour pénétrer ce cœur plein de noblesse, cette âme élevée, remplie d'amour pour ses semblables, de miséricorde, de besoin de justice et de générosité.

Abdul Medjid anéantit sans violence, avec douceur et patience, les usages barbares et repoussants qui régnaient dans les harems. Il permit à quelques Européennes d'approcher ses femmes et ses odalisques; il permit à celles-ci d'apprendre la musique et les langues étrangères. De son temps elles purent sortir en voiture, visiter les magasins francs, assister même, dans des loges grillées, aux représentations données au théâtre du palais. Il refréna l'insolence et l'audace des eunuques; en un mot, il accorda quelque liberté au beau sexe, le releva un peu de son abaissement sans toutefois transgresser les lois religieuses et sans violer les anciennes coutumes, certain que c'était la meilleure manière de transformer et de civiliser la société musulmane.

Cette conduite était loin de satisfaire les

vrais croyants, surtout le clergé musulman. Cette demi-liberté enfanta des abus, comme cela a toujours lieu en pareil cas.

Une des femmes du sultan noua des relations coupables avec un aide de camp d'Abdul Medjid, Tefik pacha. On ne tarda pas à parler tout bas, puis tout haut de la conduite scandaleuse de Besmé sultane. Le clergé crut devoir faire des représentations au sultan sur la corruption des mœurs, l'oubli des pratiques religieuses, et lui demander que la femme adultère fût punie comme on le faisait autrefois, en la noyant dans le Bosphore après l'avoir cousue dans un sac.

Le souverain écouta tout ce discours avec patience, et demanda avec douceur depuis quand un musulman n'était plus maître dans sa maison et n'avait plus un pouvoir absolu sur son harem. Il les pria de respecter les préceptes du Coran, de ne point se mêler de ses affaires privées et leur ordonna de sortir.

Après que la députation se fut retirée, le sultan fit appeler le chef de la police. Il lui donna l'ordre d'arrêter Tefik pacha, qui jouait aux cartes et buvait pendant des nuits entières au club européen, de l'amener à pied entre deux gendarmes à cheval au palais, dans la cour de l'habitation de Besmé sultane. En même temps, il fit savoir à celle-ci qu'il viendrait passer la soirée chez elle.

La réception fut aimable et cordiale; le sultan parut très gai, on dansa, on chanta, on joua la comédie. Au milieu des divertissements, on entendit soudain frapper aux portes extérieures. Les femmes, effrayées, croyaient à un incendie, ce fléau quotidien de Constantinople; elles coururent aux fenêtres, commençant déjà à se lamenter. Le sultan se leva lentement et se dirigea à son tour vers une des fenêtres au moment où les grandes portes s'ouvraient pour laisser passer Tefik pacha et son escorte. Abdul Medjid se retourna avec flegme et dit : « Ce n'est pas un incendie, mais cet ivrogne de Tefik pacha, qui sans doute, s'est, comme d'habitude, livré à quelque excès. » Il ordonna qu'on le conduisît dans une salle du selamlik pour y achever la nuit, disant que le lendemain il verrait ce qu'il avait à faire. Au signal donné par le sultan qui conserva sa belle humeur et son entrain, on recommença à s'amuser.

Le lendemain il fit part à sa femme coupable de tout ce que l'on disait sur son compte, exigea qu'elle se confessât de tous ses torts. La sultane, confondue et tremblante, tomba à ses pieds et reconnut sa faute.

Sur l'ordre du sultan, on introduisit Tefik pacha; lui aussi avoua tout. Alors l'époux outragé fit appeler l'imam du palais, déclara qu'il pardonnait à sa femme, lui accordait le divorce selon les prescriptions du Coran, lui donnait un palais à Fondoukli pour habitation et une pension viagère. L'imam procéda immédiatement à la cérémonie du mariage de Besmé hanoum avec Tefik pacha. Ce fut la meilleure vengeance qu'Abdul Medjid pût tirer des deux coupables.

Besmé hanoum était d'humeur capricieuse et fantasque, emportée au point de tomber dans des paroxysmes de colère dangereux pour ceux qui en étaient l'objet, extravagante dans ses dépenses. Tefik pacha, doué de quelque talent comme peintre en miniature, bon officier, aimait à boire plus que de raison, manquait d'ordre dans ses affaires et dans sa conduite. Nommé chef d'état-major au ministère de la guerre, il fut obligé de donner sa démission. Les mauvais traitements qu'il eut à subir de sa femme, les querelles continuelles qui éclataient entre elle et lui troublèrent peu à peu sa raison, il devint fou. Besmé sultane le fit enfermer dans une maison d'aliénés. Au bout d'un an, remis en liberté, il se fit derviche, passa pour un saint, selon le préjugé oriental qui accorde ce privilège à la folie, et mourut peu de temps après. On pouvait le rencontrer vaguant dans les rues, les cheveux longs retombant sur ses épaules, portant une noix de coco et demandant l'aumône aux passants. Sa femme vit encore et continue à se livrer à des excentricités qui font parfois douter de la plénitude de sa raison.

Le sultan Abdul Medjid avait six femmes légitimes, autrement dites cadines, jouissant des honneurs attachés au rang de princesses. Le palais était peuplé d'odalyks, d'alaïks remplissant différentes fonctions et jouissant parfois des faveurs du maître, selon son caprice. Il y avait des danseuses, un orchestre composé de musiciennes revêtues d'uniformes militaires, les lèvres ornées de fausses moustaches pour donner l'illusion d'un orchestre masculin.

Parmi ses nombreuses esclaves, Abdul Medjid s'était pris d'une passion profonde pour une jeune Circassienne blonde, aux yeux bleus, dont les traits, sans être réguliers, offraient un grand charme. Elle était vive, enjouée, intelligente, ambitieuse, mais coquette et légère. L'affection du sultan flattait sa vanité, mais n'avait point touché son cœur et ne l'avait pas rendue fidèle. Lorsque, parée de son féredjé aux brillantes couleurs, voilée du léger tissu de gaze que les femmes avaient substitué au voile sérieux d'autrefois, Sirfiraz hanoum se rendait à la promenade dans son carrosse doré, attelé de beaux chevaux de Hongrie, escortée de ses eunuques et de ses serviteurs, elle avait remarqué un jeune Turc à l'allure dégagée, élégant et fanfaron. C'était le fils de Yacoub pacha, qui de simple caïkdji était devenu, grâce à la faveur de la sultane-mère, administrateur des eaux de l'Empire. Husni bey était un garçon bien doué, possédant de singulières aptitudes pour la musique, intelligent, ayant de vagues notions sur toutes choses. Il était libertin, audacieux et sans scrupule; en dépit de la surveillance dont la coquette hanoum était entourée, il lia connaissance avec elle. Des rendez-vous furent donnés et acceptés grâce aux facilités de toutes sortes que fournissaient les excursions aux magasins de Péra.

L'adroite favorite combina si bien ses mesures, endormit si habilement les soupçons de ses noirs gardiens, sut avec tant de ruse mettre dans son secret les personnes capables de l'aider, qu'elle introduisit Husni bey dans le kiosque d'Ildiz, situé sur les hauteurs du Tchiragan, qu'Abdul-Medjid avait affecté à sa résidence, afin qu'elle fût là maîtresse absolue comme elle l'était de son cœur.

Ce jeune homme fut cinq mois son hôte sans que le sultan se doutât de cette audacieuse trahison. Comme il n'y a pas de mystère qui ne se découvre à la fin, le sultan apprit tout. Il ressentit une grande peine, lui, si bon, si confiant et surtout si épris. Sirfiraz hanoum qui, avec tout autre, eût joué sa vie, savait bien qu'Abdul Medjid avait l'âme généreuse et pardonnait toujours. Elle se fit humble, tendre et repentante; son amant ne sut point résister à ses séductions et aux entraînements de son propre cœur, cependant il ne put oublier sa conduite et lui témoigna depuis une froideur à laquelle il ne l'avait point habituée. Husni bey fut envoyé en exil à Brousse, d'où il revint un an après. Le sultan avait de sa bourse subvenu à toutes les dépenses qu'avait entraînées son séjour dans cette ville.

C'est le héros de cette aventure qui me l'a racontée lui-même.

Kibrizli Mehmed pacha, plusieurs fois grand vizir, ambassadeur à Paris et à Londres, envoyé extraordinaire au couronnement de l'empereur Alexandre II, dut en partie sa carrière et la faveur du sultan à l'opinion qu'il avait des femmes et à la conduite qu'il tint envers elles.

Sorti de l'école turque de Paris où il avait été envoyé par Husrew pacha, il entra comme volontaire dans un régiment de dragons, revêtit l'uniforme français, et, contre les traditions religieuses de ce temps, se coiffa d'un casque de giaour. Il devint chef d'escadron et remplit les fonctions attachées à son grade.

A cette époque, on était moins accoutumé qu'aujourd'hui à voir les Turcs se plier aux exigences de la civilisation européenne; aussi Mehmed Kibrizli était-il regardé comme une curiosité. Sur le désir qu'en exprima le roi Louis-Philippe, l'ambassadeur de Turquie, Fethi Ahmed pacha, grand maître d'artillerie, beau-frère du sultan, lui présenta le Turc-dragon.

Le roi l'entretint longtemps, lui exprima sa sympathie pour les Turcs et la Turquie, ainsi que le désir qu'il éprouvait de les voir marcher hardiment dans les voies de la civilisation, ajoutant qu'il était prêt à envoyer au sultan des professeurs, des instructeurs, des hommes techniques. Mehmet Kibrizli écouta avec attention, secoua la tête et, quand le roi se tut, répondit : « Sire, cela ne servira à rien ; ces gens-là nous ennuieront, nous dégoûteront de la France et de la civilisation européenne, leurs postes seront des sinécures. Si Votre Majesté à leur place nous envoyait quelques milliers de grisettes jolies, spirituelles et espiègles, elles nous civiliseraient plus sûrement, nous transformeraient en Français même, car ce que femme veut, Dieu le veut, dit un proverbe de votre pays. »

Il dit tout cela si naïvement, avec tant de verve, que le roi se prit à rire de tout son cœur. L'ambassadeur informa le sultan de cette sortie inconvenante, la présenta sous le jour le plus défavorable, car il n'aimait pas l'officier de dragons. Jeune et brillant, celui-ci lui avait enlevé le cœur d'une belle levantine, la femme du docteur M...

Chargé de porter des dépêches à Constantinople, Mehmed Kibrizli partit en poste, mais enmenant avec lui la belle madame M... Il s'embarqua à Marseille, toucha à Smyrne, y fit célébrer en toute hâte son mariage avec l'infidèle maîtresse d'Ahmed pacha.

Arrivé à Constantinople avec sa femme, il se présenta devant le sultan. Abdul Medjid le reçut avec bonté, rit beaucoup de la réponse qu'il avait donnée au roi, il le félicita d'avoir mis sa théorie en pratique, lui souhaita beaucoup de bonheur, lui fit de riches présents e le nomma général de brigade d'artillerie. A partir de ce moment, il jouit presque continuellement de la faveur du sultan.

Plusieurs années après, Kibrizli était ambassadeur à Londres; sa femme, ennuyée, curieuse d'émotions, en avait cherché dans de nouvelles amours. Afin de cacher ses intrigues elle fit, dit-on, étouffer un eunuque qui en savait trop long. On raconte qu'elle-même, aidée d'une esclave dévouée, se chargea de cette criminelle besogne lorsque l'eunuque était au bain.

Les nombreux ennemis de Kibrizli qui jalousaient sa haute situation, et les bonnes grâces du souverain, voulurent mettre à profit cette catastrophe de sa vie privée et nuire à sa réputation; ils firent jeter en prison sa femme coupable et entamèrent un procès criminel.

Kibrizli, informé de ces événements par ses amis, quitta son poste à la hâte, sans permission de la Porte. A peine descendu de bateau, il se rendit auprès du cheik ul islam, déclara que la femme que l'on avait arrêtée était la sienne, que l'eunuque était son esclave, qu'il venait réclamer le respect dû à ses droits de musulman et de maître de maison.

Il fit sortir sa femme de prison, lui assura une pension viagère, et, après l'avoir munie de fonds suffisants, l'envoya dans une province éloignée de l'Empire. — Lorsque le bateau qui emportait l'épouse perfide qu'il aimait encore eut levé l'ancre, Mehmed Kibrizli pacha se rendit auprès du sultan, dont il attendait le pardon ou la punition.

Abdul Medjid, informé de cette affaire, ne le punit ni ne le pardonna, mais lui dit : « Tu as agi noblement, plût à Dieu que dans mes États il se trouvât beaucoup d'hommes au cœur généreux comme le tien ! »

La levantine agit indignement envers son mari ; elle devint l'instrument de ses ennemis ; il n'y eut pas de basses intrigues dont elle ne fût la cheville ouvrière ; cependant les généreuses dispositions de Kibrizli à son égard ne changèrent pas ; il continua à s'occuper de son sort et de celui des enfants de son premier mariage avec le docteur M... qu'il avait adoptés.

Kibrizli pacha ne fut ni un diplomate, ni un courtisan ; il céda souvent à la faiblesse de dire ouvertement des vérités inutiles et sans profit. Bien des fois il se permit de critiquer le sultan lui-même, qui pardonnait toujours et se moquait de lui.

Quand Abdul Medjid mourut, Kibrizli Mehmed pacha était alors grand vizir. C'est à sa loyauté qu'à ses derniers moments, il confia le sort de ses enfants et de son harem, et sa confiance ne fut pas déçue.

Dès l'avènement au trône d'Abdul Azis, il le persuada d'accorder aux enfants du défunt sultan la liberté, le bien-être dont il avait joui lui-même durant la vie et le règne de son frère aîné.

Pendant la guerre d'Orient, appelée guerre de Crimée, la division d'Oltenitza était commandée par le général Ahmed Bulbul pacha (1), mari de Naïri hanoum, sœur de lait du sultan Abdul Medjid.

Le sultan aimait beaucoup cette femme, malgré la prodigalité qu'elle déployait dans ses ajustements, dans le train de sa maison et de ses équipages et son luxe extravagant. Il la

(1) Rossignol.

considérait comme son meilleur conseiller. Intelligente et fine, elle avait quelques connaissances qu'elle avait acquises en partageant les leçons de son frère de lait. On la regardait généralement comme l'Égérie de ce nouveau Numa musulman. Le sultan la visitait fréquemment, ou la faisait appeler au palais où il aimait à deviser des heures entières avec elle. Le grand vizir Rechid pacha, un des derniers grands hommes d'État qu'ait possédés la Turquie, estimait beaucoup Naïri hanoum; il aimait à l'entretenir des affaires de l'empire et ne s'en cachait point.

Telle était la femme d'Ahmed Bulbul-pacha.

Le bruit des balles russes ne paraissait point, à ce qu'il paraît, mélodieux aux oreilles d'Ahmed, le rossignol, car après avoir confié son commandement à Hussein-bey, colonel d'un régiment de la garde impériale, recouvert d'un manteau de soldat, il sauta dans une barque et, seul, sans rameur, il remonta le Danube et s'alla cacher dans les broussailles qui recouvrent le rivage au delà d'Oltenitsa.

L'attaque des Russes fut repoussée avec

succès; l'armée ottomane déploya une grande vigueur et sortit avec honneur de cet engagement.

Hussein bey se couvrit de gloire et fut nommé général de brigade en récompense de sa belle conduite. Jadis il avait été aktchi (cuisinier) de la dixième orta des janissaires.

L'état major d'Omer pacha, le serdar ekrem, en explorant les rives du fleuve, rencontra le pauvre Ahmed Bulbul. On avertit le généralissime qui se trouvait sur un monticule d'où il observait le côté opposé du Danube. Immédiatement, il le fit amener devant lui, enchaîner et ordonna qu'on le traduisît comme déserteur devant le conseil de guerre. Alors d'une voix tremblante il s'écria :

« Je suis le mari de Naïri hanoum. »

A ces mots, comme par enchantement, les chaînes du pacha tombèrent, le directeur de la chancellerie du Serdar reçut l'ordre de le présenter à la décoration du Médjidié de 3e classe, en récompense de sa bravoure, et on le remit à la tête de sa division.

Naïri hanoum, cependant, avait appris tous les détails de la conduite peu héroïque de son mari. Quand celui-ci revint dans ses foyers pour s'y reposer sur ses lauriers et se présenta la poitrine ornée de décorations après s'être excité par quelques verres de champagne, elle lui reprocha sévèrement sa poltronnerie, et lui arracha l'étoile du Médjidié. Elle écrivit au sultan, le suppliant de lui accorder la permission de se séparer de ce mari indigne d'elle. Elle renvoya la décoration du Médjidié au Serdar-ekrem avec une lettre polie mais sévère, dans laquelle elle lui faisait observer que ce n'était pas de cette façon que l'on préparait des généraux habiles et méritants à l'islam qui en avait tant besoin. Le sultan accorda le divorce que sollicitait sa sœur de lait, lui promit le mari qu'elle désirerait, la remercia de son patriotisme et lui dit que si toutes les musulmanes agissaient ainsi, l'antique bravoure et la vieille gloire des Osmanlis brilleraient de nouveau.

Bulbul Ahmed pacha fut éloigné de l'armée; il se retira à Scutari, dans une modeste habitation où il acheva ses jours dans l'oubli et la médiocrité.

Hussein pacha, rentré dans l'ombre après

ses hauts faits d'armes, voulant en transmettre le souvenir à la postérité, chargea un artiste de représenter la défense d'Oltenitsa. Celui-ci s'acquitta de sa tâche avec talent, mais le tableau ne convint pas à Hussein pacha.

Il le fit recommencer, recommandant au peintre de le faire à cheval de telle grandeur que les soldats russes et turcs parussent à côté de lui comme des pygmées. Ainsi refait, le tableau lui plut beaucoup. Il le transportait partout avec lui.

Abdul Kerim pacha et moi jouissions d'une grande considération auprès de lui. Quand nous fîmes l'inspection des frontières turco-hellènes après l'abdication du roi Othon, son quartier et le nôtre étaient voisins. Souvent nous lui rendions visite; il lui arrivait quelquefois, pour nous faire une meilleure réception, de revêtir un tablier de cuisinier par-dessus son uniforme et de nous préparer un plat de sa façon. Avant de s'asseoir avec nous, il faisait ses ablutions, retirait son tablier et se plaisait à dire : « Voilà ce que j'étais, » puis en montrant son inséparable défense d'Oltenitsa : « Voici ce que je suis devenu. »

Je ne sais si cet usage existe toujours, mais autrefois le sultan ne saluait personne sur son chemin. Abdul Medjid cependant faisait souvent exception à cet usage, surtout en faveur des femmes européennes : non seulement il les saluait, mais si elles avaient quelque pétition à lui présenter, il les interrogeait et causait volontiers avec elles.

Quand le grand-duc Constantin Mikolajewitch et la grande-duchesse, sa femme, vinrent visiter Constantinople, le sultan fut charmé de leur présence; il ressentit une vive sympathie pour le grand-duc et une profonde admiration pour la grande-duchesse. Il mit de côté, pour leur faire honneur, les vieilles coutumes et les anciens préjugés; il mangea à la même table qu'eux et se promena en voiture avec eux. La princesse avait surtout fait une si vive impression sur lui, qu'il répétait sans cesse : « Il n'est pas étonnant que les chrétiens se contentent d'une seule femme quand ils en ont de si charmantes. Je donnerais volontiers la volée à mes jolis oiseaux du harem. Rien ne nous empêche autant de vivre par l'âme et par le cœur que l'influence de nos harems. A cela ni le calife, ni le sultan ne peuvent remédier, car le fanatisme veille, les vieilles coutumes nous lient. A notre volonté, on opposera le crime au besoin pour nous empêcher de nous en affranchir. »

Le sultan, en parlant ainsi, faisait allusion aux obstacles que l'on oppose à l'introduction dans le harem de femmes ayant reçu quelque éducation et capables de former des sultanes intelligentes et vertueuses. Les efforts tentés jusque-là aboutirent souvent à des crimes; j'en citerai un exemple.

Il est d'usage, trois jours avant la fin du Ramazan, de célébrer la cérémonie du Kadir Guedjessi (nuit du destin) à la suite de laquelle la sultane Validé (mère du sultan), sa sœur, le grand vizir ou le cheik-ul-islam offre au sultan une jeune esclave. On la choisit ordinairement parmi les plus belles. On l'achète souvent très jeune encore pour l'élever selon les brillantes destinées qui l'attendent; on lui apprend à danser, à chanter; on la forme au cérémonial du harem.

Rechid pacha résolut, à cette occasion, d'introduire dans le palais impérial une personne ayant reçu une éducation plus soignée. La jeune Géorgienne de grande beauté, sur laquelle il avait jeté ses vues, avait été élevée avec sollicitude et dans le plus grand mystère.

Quand elle eut atteint l'âge de seize ans, Rechid pacha, par l'entremise de la Validé, demanda la faveur d'offrir au sultan cette belle esclave. La sultane obtint l'autorisation de son fils, la future favorite lui plut tellement qu'elle devint l'hôte de son harem.

Tout semblait marcher à souhait quand, la veille de la nuit solennelle, la jeune fille mourut subitement. Qui s'était rendu coupable de ce crime? On ne le sut jamais. Le sultan fut si frappé de cette catastrophe que depuis il ne voulut plus accepter le don d'une esclave à Kadir-Guedjessi.

Au commencement du règne d'Abdul Medjid le plan de la réorganisation de l'armée turque n'existait que sur le papier. Il avait été tracé par le général Chrzanowski, aidé de deux officiers polonais Zablocki, et Brzozowski. On avait fait venir des instructeurs prussiens pour l'artillerie, français pour l'infanterie, italiens pour la cavalerie, anglais pour la marine, mais les soldats manquaient sous les drapeaux. Le recrutement s'opérait difficilement dans les provinces et la capitale n'y était point soumise. Les jeunes gens se rendaient en masse à Constantinople autant pour y échapper que pour chercher du travail ne laissant dans leur pays que les vieillards, les infirmes et les incapables.

A cette époque le séraskier était Hassan Riza pacha, Kurde de naissance, garçon pharmacien au bazar, il avait été tiré de cette obscure position par le sultan Mahmoud qui avait remarqué, en passant devant son humble boutique, qu'il paraissait écrire le turc avec une grande facilité. Il ne tarda pas à devenir un des favoris du souverain. A sa mort, appuyé par la sultane Validé, il fut un des principaux conseillers du nouveau sultan. Sans être un ardent partisan des réformes, il n'était cependant pas leur ennemi. S'il ne fut pas en rapports intimes avec Réchid pacha et Fuad, ce n'est pas qu'il blâmât leurs opinions politiques, mais l'envie naturelle aux Turcs de rester au pouvoir et de gouverner le poussa à former un parti d'hommes marquants tels que Mehmed Ali pacha, gendre de Mahmoud, Safet pacha, Tatar de Crimée qui avait appris au comptoir de l'Arménien Artïn efendi à aligner les chiffres, et était à cette époque le financier le plus habile de la Turquie. A ce parti se joignirent volontiers les hommes de vieille date tels que Benderli Hussein pacha, ancien aga des janissaires, plus tard leur exterminateur, Tahir pacha, marin de l'école italienne, qui s'était illustré dans les combats navals contre les Grecs et d'autres personnages de c genre.

Riza, malgré la faveur successive de deux sultans, dut chercher un appui afin de rester sur le même plan que Rechid dans l'arène politique. Sa nomination au poste de séraskier lui fournit les moyens d'arriver à son but. — On manquait de soldats, il en fallait trouver. Riza choisit pour accomplir le coup de main qu'il méditait le vendredi, l'heure de la prière de midi, lorsque tous les pieux musulmans se réunissent dans les mosquées. Il fit entourer par l'armée dont il disposait, par la gendarmerie, par la police, toutes les mosquées de la capitale. A mesure que les fidèles sortaient, on arrêta tous les hommes aptes au service militaire, au nom du calife sultan, et on les conduisit aux nombreuses casernes de Constantinople. On les inscrivit dans divers régiments dont les cadres seuls existaient, on leur lut l'iradé impérial, le Fetwa (confirmation) du cheik ul islam leur annonçant qu'ils étaient devenus soldats du sultan. On excepta de cette razzia les vrais Constantinopolitains que l'on employa au service de la police. De cette manière le sultan eut en un jour 40,000 hommes. Les musulmans se soumirent sans opposition à la volonté du sultan, mais les femmes se mirent en lutte ouverte avec Riza pacha.

Il traversait le pont sur la Corne d'or avec quelques aides de camp et une suite peu nombreuse, quand il vit une grande foule de femmes rassemblées sur son passage. Il ordonna à son escorte de se tenir à quelque distance de lui et défendit aux soldats qui la composaient de faire usage de leurs armes sous aucun prétexte, ni d'essayer de disperser la foule en faisant caracoler leurs chevaux.

Seul sur un vaillant cheval kurde, hardi, audacieux, mais tranquille, il fendit la multitude. Les injures, les imprécations, les menaces de toutes ces femmes exaspérées le laissèrent indifférent. On le frappa à coups de babouches; on lui jeta des pierres, de la boue même. Sans s'émouvoir, il saluait de la main à droite et à gauche et avançait péniblement. C'est ainsi qu'il franchit la distance entre le séraskiérat et le palais de Dolma Olma Bagtché.

Il se présenta au sultan tout éclaboussé et lui annonça qu'il avait recruté 40,000 hommes; ce fut la première armée régulière et effective. Riza pacha reçut le titre de Djéhan-seraskier (seraskier du monde).

A partir de ce moment, personne ne jouit d'une plus grande considération que lui auprès du souverain et n'eut plus d'importance dans les conseils de l'empire.

BENDERLI HUSSEIN AGA PACHA.

Il y avait quelque chose de singulier, d'incompréhensible dans la manière dont les Turcs d'autrefois envisageaient l'histoire, la géographie et l'administration. Leurs idées étaient bizarres, quelquefois comiques, mais pratiques dans bien des cas.

Le type de ces Turcs, disparus aujourd'hui, était Benderli Hussein aga pacha. Né à Bender, il était familiarisé avec les habitudes et les mœurs russes. Simple janissaire d'abord, il devint plus tard aga, chef absolu de cette brave et indisciplinée milice de l'islam. Il devint séraskier pour anéantir cette phalange célèbre.

Cette mission fut confiée en même temps à Husrew pacha, alors kapoudan (grand amiral). Celui-ci demeura à Ak-Seraï, au ministère de la guerre, attendant les prisonniers pour les condamner et les châtier. Hussein, avec deux canons et un ramassis de bostandjis, de toptchis (canonniers), de spahis albanais, se rendit aux casernes d'Ok Meidan où les janissaires s'étaient renfermés et se préparaient à livrer un sanglant combat pour défendre leur vie. Dès qu'Hussein fut en vue des casernes, les janissaires sortirent en masse sur la place; l'armée du séraskier s'enfuit. Auprès des canons, il ne resta que Hussein et son chef d'écurie Suleyman aga. Sans perdre sa présence d'esprit, le séraskier fit feu de son pistolet dans le bassinet d'un canon, Suleyman dans celui du second; tous deux partirent en même temps; la mitraille fit de nombreuses victimes, le désordre se mit parmi les janissaires, la terreur s'empara d'eux, ils se réfugièrent de nouveau dans la caserne. La troupe de Hussein, rassurée, revint à la charge et s'empara du refuge de la malheureuse milice qui fut massacrée. On fit savoir à sultan Mahmoud que les janissaires avaient cessé d'exister. Il accourut aussitôt à Ak-Seraï. Hussein vint lui faire son rapport; le sultan le remercia d'un signe de tête et lui demanda où était Husrew. On le chercha sans pouvoir le trouver, mais Hussein ayant baissé les yeux aperçut sous un sofa le bout d'une babouche jaune, la saisit et amena à lui le kapoudan. Mahmoud, loin de se fâcher, se mit à rire. L'adroit Husrew dit qu'il avait agi ainsi pour distraire le padischah de la peine profonde qu'il devait éprouver d'avoir mis à mort tant d'enfants de l'islam. Hussein pacha déclara alors hardiment qu'il avait rempli son devoir, car il ne restait plus un seul janissaire les armes à la main. « Maintenant, ajouta-t-il, que Husrew se mette à l'œuvre, qu'il coupe des têtes et qu'il noie. » Ainsi fut fait.

Les janissaires se divisaient en ortas; chacune avait son numéro d'ordre et se composait de cent hommes. Outre le numéro de l'orta à laquelle il appartenait, chacun des janissaires avait un emblème brodé sur l'épaule droite, le premier un lion, le vingt-cinquième un poisson etc. Husrew et ses sbires se mirent, à l'aide de ces signes, à la recherche des janissaires qui avaient échappé au carnage; il fouilla les maisons et tous les endroits où ils avaient pu trouver un refuge; à mesure qu'on s'emparait des fugitifs on leur faisait, avec la hache, tomber l'épaule avec son emblème, puis la tête, et l'on jetait les cadavres à la mer.

Les deux frères Pulawski assistaient à ces

sanglantes exécutions; tous deux avaient quitté Cracovie pour venir en Turquie où ils étaient arrivés en 1824. Ils avaient embrassé l'islamisme, l'aîné sous le nom de Mehmed bey, le second sous celui d'Ahmed bey; tous deux étaient aides de camp de Husrew pacha. Intelligents, ayant reçu une sérieuse éducation, ils avaient étudié à l'université de Cracovie, mais ils manquaient complètement de sens politique. J'ai beaucoup connu le plus jeune; c'est lui qui m'a raconté le massacre des prétoriens de l'islam, dont il avait été le témoin oculaire.

Hussein aga pacha guerroya contre les Russes en 1827 et en 1828; il eut des commandements importants, mais nulle part il ne se distingua par son habileté militaire, partout il fut médiocre.

Au commencement du règne d'Abdul Medjid, la misère était générale dans tout l'empire. En Bulgarie elle se fit sentir plus que partout ailleurs; le brigandage se développa d'une façon inquiétante; il y eut même un commencement de révolte. Le sultan nomma Hussein pacha, gouverneur de Vidin, directeur de l'administration et de la police de toute la Bulgarie, mettant sous ses ordres les pachas de Roustchouk, de Nisch et de Sofia. Le nouveau lieutenant du padischah se mit immédiatement à l'œuvre à sa manière. Il acheta en Moldavie, en Valachie quelques milliers de bœufs, de chevaux, de ses propres deniers; il acheta des harnais, des grains pour ensemencer les terres, fit distribuer tout cela aux Bulgares en les avertissant qu'ils devraient rendre sur leurs récoltes et leurs gains futurs la valeur de ce qui leur était avancé. Il leur posa deux conditions. Les Bulgares s'engageraient à ne rien vendre aux étrangers, mais à apporter le produit de leur récolte à ses comptoirs; ils seraient payés dix pour cent de plus que le taux le plus élevé. Secondement, lorsqu'ils voudraient acheter quoi que ce fût, ils ne le pourraient faire que dans ses dépôts et bénéficieraient d'un rabais de dix pour cent sur les prix ordinaires.

Il établit des dépôts et des comptoirs dans toutes les villes de Bulgarie, et à l'étranger à Trieste, à Livourne et à Marseille. Ses traites et ses papiers commerciaux étaient mieux cotés que les papiers du gouvernement turc. Pendant cinq ans que dura ce monopole, il devint possesseur de plus de deux cents fermes, de sorte qu'en voyageant dans le pays, il pouvait chaque jour coucher sous son toit. A Constantinople, il était propriétaire de conaks (1), de yalis (2) sur le Bosphore et la mer de Marmara.

Il jouissait d'un si grand crédit auprès de la Sublime Porte que l'Autriche dut recourir aux bons offices de l'Angleterre pour le faire rappeler de son poste de Vidin; car il faisait une concurrence sérieuse au commerce de l'Autriche.

Il était dans les meilleurs termes avec les Serbes et tous les Slaves; les Bulgares l'aimaient; non seulement il les avait aidés dans leur détresse, mais ne cessait de les défendre contre les vexations des beys et des agas musulmans.

Depuis les temps les plus reculés, il existait en Turquie un impôt connu sous le nom de dich-parassi (argent des dents) auquel les chrétiens étaient soumis. Chaque musulman voyageur avait le droit d'exiger sa nourriture, celle de ses gens et de ses chevaux, des villages

(1) Maison de ville.
(2) Maison située au bord de l'eau.

par lesquels il passait. On lui apportait cette redevance; d'accord avec les habitants, il en estimait la valeur; lui et sa suite mangeaient ce qui leur convenait, puis il se faisait payer ce qui restait par ceux qui l'avaient fourni.

Hussein aga pacha, lorsqu'il fut nommé au gouvernement de la Bulgarie, abolit cet impôt. L'un des plus riches beys du pays, Gientch aga, pour narguer le pacha, arriva dans un village proche de Vidin et exigea le dich-parassi. Hussein, ayant appris le fait, le fit arrêter et amener à son conak. Après lui avoir fait une morale toute paternelle, il ordonna qu'on l'attachât sur une chaise, fit appeler un barbier chirurgien et lui fit arracher toutes les dents. L'opération achevée, il lui dit : « Tu n'as plus de dents, donc tu n'as plus de motif de réclamer le dich-parassi. » Depuis ce temps personne n'osa plus le braver.

Les Turcs d'autrefois reconnaissaient l'existence de sept rois en Europe, d'où provient un proverbe encore en usage chez eux. Hussein pacha refusait de compter parmi eux cet empire de pêcheurs fondé par Deli-Petro (Pierre le fou) et sur lequel régna plus tard Catherine II.

Les sept rois, selon lui, étaient le roi de Suède, le roi de Pologne, le roi d'Angleterre, le roi de France, le roi d'Espagne, le roi de Hongrie et le pape. Il ne voulait pas admettre que la Prusse ne fût plus vassale de la Pologne.

Quand il se fut retiré de la vie publique et demeurait dans son palais de Boyadjikeni, sur les rives du Bosphore, Monsieur P..., membre de la légation prussienne, me pria de le conduire chez Hussein pacha et de lui faciliter la vue de ses trésors célèbres par la quantité de pierres précieuses, d'armes, de tapis et de meubles de toutes sortes.

Il nous reçut très poliment, me fit asseoir à côté de lui sur le sofa et offrit une chaise à Monsieur P... en face de moi, disant qu'il ne permettrait jamais qu'un vassal se plaçât à côté de son seigneur, car quoi qu'il pût arriver dans le monde, les Prussiens seraient toujours pour lui des vassaux de la Pologne.

Monsieur P..., en homme d'esprit, se contenta de rire de cette bizarrerie. On nous montra ensuite toutes les richesses du pacha; des zarfs (supports pour les petites tasses à café) en or enrichis de pierreries d'une valeur inouie, des fourrures les plus précieuses par douzaines, des faisceaux de chibouques; ceux en bois de jasmin étaient ornés de cercles de brillants, de perles et de turquoises; ceux en ébène et en cerisier d'anneaux de rubis et de diamants; il y avait des chandeliers d'argent massif de la hauteur d'un homme, des cuvettes et des aiguières de même métal, des mangals, réchauds pour le charbon destiné à échauffer les appartements en bronze curieusement travaillés, en argent massif. Les armes étaient merveilleuses, incrustées d'or et d'argent d'une richesse fabuleuse. C'étaient de vrais trésors des *Mille et une nuits*.

Toutes ces richesses à la mort du pacha échurent à ses deux fils et à sa fille. Ceux-ci gaspillèrent en peu d'années cette fortune colossale; ils la perdirent aux cartes, aux dés, en extravagances de toutes sortes et vinrent, ruinés, chercher un refuge auprès de leur sœur. *Sic transit gloria mundi.*

La foi qu'avait le peuple turc dans la puissance et dans l'autorité du califat était prodigieuse et incompréhensible; on l'attribuait à l'ignorance de la multitude, au fanatisme, au manque de lumière, à l'insuffisance de la civilisation. Celui qui connaît bien les musulmans, qui, poussé par la nécessité ou par sa fantaisie, a eu de fréquents et d'intimes rapports avec eux, peut dire qu'il n'y a pas de si petit village dont les habitants ne se tiennent au courant de la politique. Ils aiment à s'informer des questions administratives et gouvernementales, discutent sur tous les sujets, entretiennent le souvenir des traditions, ces anneaux mystérieux qui unissent les âges présents aux âges passés.

Il n'y a guère de Turcs, je ne parle que des gens simples, qui ne connaissent l'existence de Napoléon Ier, ce grand guerrier, qu'ils considèrent comme le Tamerlan de l'Occident.

Ordinairement, dans chaque village musulman, se trouvait une chambre destinée aux hôtes de passage, que l'on appelait Moussafir-Hané. Là s'arrêtaient les voyageurs; on les recevait, on les hébergeait sans exiger d'autre paiement que celui du fourrage pour les chevaux. Les villageois venaient leur rendre visite, se groupaient autour d'eux sur la natte, en buvant leur café et fumant leurs chibouques, les questionnaient sur les habitudes de leur pays, sur la politique, sur le commerce. Le voyageur, dans la mesure de ses connaissances, devait payer en informations et en anecdotes l'hospitalité généreuse qu'on lui accordait.

J'ai pu me convaincre, dans mes nombreuses pérégrinations à travers la Turquie, durant les longues années que j'y ai passées, que le paysan turc est bien supérieur comme intelligence, comme dignité native, au paysan français ou polonais. Il a plus que ceux-là le désir de s'instruire; il a l'air d'un noble au milieu de ses vassaux lorsqu'il est au milieu de paysans chrétiens.

Le peuple, les gens plus aisés, les fonctionnaires inférieurs et même l'armée commentent souvent les événements d'une façon bizarre dont je citerai un exemple.

On se racontait, dans les cafés, dans les réunions, dans les bureaux, lors de la guerre de Crimée, que les Anglais, les Français, les Italiens et les Autrichiens, voulant constater les progrès de leurs armées dans l'art militaire, avaient prié le sultan de leur permettre de livrer des combats sur son territoire et sur celui de la Russie et de les soumettre à l'approbation de ses généraux. Quoique le sultan eût horreur que l'on versât le sang, il daigna exaucer leur humble prière. Il ordonna à ses troupes de marcher et de se battre pour l'exemple, de concert avec les armées de l'Occident; mais dès que le sultan l'avait désiré, la guerre s'était terminée. Ces idées exagérées de la puissance du calife font mieux concevoir que tout raisonnement quelle est la force religieuse du sultan et de quel pouvoir il dispose. Ceux qui sapent l'autorité du sultan comme calife portent, par cela même, atteinte à l'existence de l'islam.

HASSAN RIZA PACHA.

Les Turcs s'identifient avec une facilité remarquable aux rôles qu'ils sont appelés à jouer; ils acquièrent pour ainsi dire par intuition l'expérience et les notions nécessaires aux fonctions qu'ils doivent remplir. Hassan Riza pacha est un des exemples les plus frappants de ce que j'avance. A 16 ans garçon pharmacien, à 24 ans page au palais, à 28 ans maire du palais, quelques années plus tard séraskier, il donna la vie et l'organisation à l'armée ottomane. Il plaça à sa tête des chefs sur la valeur desquels il se trompa rarement. Il améliora la situation matérielle de l'armée, lui donna l'esprit de corps et le feu sacré. Il accomplit cette tâche seul, avec l'aide insignifiante de ses subordonnés inexpérimentés et celle de quelques officiers étrangers ignorants de la Turquie et des Turcs.

En 1853, Mehmed Ali était séraskier, Rifaat Pacha, élève de l'école militaire de Teresienstadt, son chef d'état-major. Les officiers français, anglais et prussiens, appelés au conseil du ministère de la guerre (Dari-Choura), ne pouvaient trouver dans tout l'empire plus de deux cent mille hommes capables de porter les armes. Réchid pacha, alors grand vizir, était en désaccord avec Riza pacha, désaccord entretenu par l'ambassade d'Angleterre qui détestait Riza à cause de ses relations amicales avec l'ambassade de France. Lord Stradford Redcliffe poussait si loin son mauvais vouloir qu'il aurait, je crois, préféré voir les Russes à Constantinople que Riza pacha au séraskiérat. Par les menaces, par les prières, il empêchait Réchid pacha de se réconcilier avec lui; mais ce grand homme était dévoué aux intérêts de l'empire du calife; il aimait son pays, il s'entendit avec Riza et obtint sa nomination au poste de ministre de la guerre.

Un mois après le sultan avait en Turquie d'Europe 300,000 soldats, 200,000 en Asie; les chevaux, les armes, le matériel de guerre se trouvèrent comme par enchantement. Le fourrage et l'approvisionnement de l'armée furent assurés en quantité suffisante, quoique à cette époque la Turquie ne possédât ni intendance, ni service de train. Aucun rapport, aucune demande ne restaient en souffrance. Les décisions étaient rendues avec promptitude et les réponses expédiées sans retard.

Je passerai de ces opérations considérables à des faits moindres, ordinaires, accessibles à chacun et qui feront mieux connaître l'homme.

En 1855, j'avais à expédier des effets d'habillement, du linge, des chaussures aux régiments de mon commandement cantonnés près des rives du Danube.

Mon kapou-kiaya (homme d'affaires) et mon divan-efendi (directeur de chancellerie) n'avaient point encore obtenu l'ordre d'embarquer les effets, et le bateau partait le lendemain de bonne heure. L'ordre était écrit, il n'y manquait que le sceau du séraskier que lui-même devait apposer. Il était tard, les employés étaient partis, les bureaux fermés. J'avais alors auprès de moi un sous-officier bulgare, nommé Dimitri Mano, hardi et intelligent; je lui confiai le papier et lui ordonnai de chercher le ministre et d'obtenir, par ses aides de camp, qu'il le signât. Mano trouva Riza pacha à table avec d'autres dignitaires;

on ne le laissa pas entrer, on voulut même le renvoyer de l'antichambre; il répondit qu'il ne sortirait que lorsque son papier serait en règle et qu'on ne le chasserait que par la force; il avait reçu les ordres de son chef et devait les exécuter. Les serviteurs, scandalisés, racontèrent au pacha et à ses convives l'audace de ce soldat giaour. Riza pacha écouta, puis ordonna à l'un de ses aides de camp d'apporter l'ordre, d'y mettre le sceau et de le rendre au sous-officier. Le lendemain, je revenais du séraskiérat; en route j'aperçus mon homme d'affaires tout effrayé. Hassib efendi, Bosniaque d'origine, était un digne et honnête homme, mais de cœur timide. A peine put-il me raconter qu'ayant rencontré le séraskier, celui-ci lui avait dit d'un ton sévère: « C'est ainsi que vous instruisez vos soldats et des giaours encore, va trouver ton pacha et dis-lui de venir au ministère avec son sous-officier, je les attends. » Hassib ajouta, les larmes aux yeux : « Certainement, il arrivera un malheur; il va vous mettre aux arrêts ou vous faire fusiller, je le connais. »

J'étais inquiet quoique je ne me sentisse

pas coupable. Quand j'entrai dans le salon du séraskier, j'y trouvai réunis plusieurs autres pachas et beaucoup d'officiers. Riza pacha, le regard clair et bienveillant, me raconta tout ce qui s'était passé, ajoutant à haute et intelligible voix : « C'est ainsi que les choses doivent se passer dans une armée bien organisée. » Il me remercia, récompensa le sous-officier en l'avançant et en lui faisant don de mille piastres pour se procurer un uniforme.

En 1857, mes régiments avaient été envoyés sur les frontières turco-grecques en Thessalie et mon quartier général était à Larisse. Le colonel d'état-major Enis bey vint inspecter l'administration des troupes; je lui donnai comme ordonnance un soldat de l'école des sous-officiers, de nationalité bulgare, nommé Christo-Pokrok, admirable cavalier, possédant un bon cheval.

Un jour, en traversant le pont jeté sur la Salambria, l'ancien Pené, assez élevé au-dessus du niveau des eaux, Enis bey dit à Christo : « Vous montez bien à cheval, vous autres Bulgares, à ce que l'on dit; serais-tu capable de sauter de ce pont dans la rivière? »

Christo rougit et répondit : « Si tu l'ordonnes, je sauterai. » Enis bey lui fit signe de sauter. Le soldat éperonna son cheval, celui-ci fit un bond prodigieux et se tua sur place. Christo fut heureusement jeté sur le sable et se remit sur ses pieds.

Enis bey, effrayé, se rendit auprès du colonel du régiment, pour faire arrêter le soldat bulgare coupable d'avoir tué un cheval de l'État, et ordonna une enquête. Le colonel en référa à mon autorité. Lorsque Enis bey m'eut tout raconté, j'envoyai quérir Christo, le louai de son obéissance aveugle aux ordres de ses chefs, ordonnai de l'avancer à la première vacance et d'expliquer la cause de sa promotion dans l'ordre du jour, et je dis à Enis bey : « Toi, son officier, tu lui as ordonné un acte extravagant et qui pouvait lui coûter la vie, il t'a obéi : ce n'est pas lui le coupable. »

L'inspecteur, en revenant à Constantinople, ne manqua pas de raconter ce qu'il appelait mes bizarreries, ajoutant avec malice que si j'instruisais ainsi mes soldats, il ne resterait bientôt plus de chevaux dans les régiments qui m'étaient confiés. Riza pacha lui fit de sévères remontrances et déclara que le soldat devait être cité comme exemple, la soumission étant la première vertu de l'armée.

En 1867, quand je fus envoyé de Constantinople à Choumla avec les régiments de la garde impériale, le corps des Cosaques ottomans, composé de chrétiens, devait partir avec nous. Il était d'usage qu'avant de quitter la capitale les troupes fussent passées en revue par le ministre de la guerre sur la place du séraskiérat. Riza pacha était à pied, entouré d'une suite nombreuse. Le tour des Cosaques arriva de défiler devant lui; le major Mourad-bey commanda en turc : bak! (attention!) Le commandement officiel des régiments chrétiens se faisait en langue slave. Riza, en entendant le mot bak, s'élança sur le front des troupes et s'écria : « Je ne veux pas que l'on dise bak, » et lui-même commanda : « Sluchaj. »

Ces trois épisodes de peu d'importance montrent quelles étaient les idées militaires et politiques de Riza pacha auxquelles il était arrivé de lui-même. N'est-ce pas une preuve de l'intelligence native des Turcs?

ALBANAIS ET CIRCASSIEN.

Après la guerre de Crimée les tendances libérales commencèrent à se manifester parmi les officiers de l'armée turque. Ces idées nouvelles avaient aussi des adeptes parmi les fonctionnaires inférieurs et même parmi le clergé. Les officiers étrangers servant dans les troupes du sultan avaient jeté ces semences que l'armée avait répandues dans le pays, comme jadis l'avait fait l'armée russe de retour de sa course victorieuse jusqu'au cœur de la France. Il fut un moment où les Turcs voulurent imiter les Mouravieff et les Pestel. A la tête de ce mouvement libéral se trouvaient deux pachas : le général de division Hussein Daïmi pacha, Circassien, qui ne s'était signalé devant Kars que par un courage tout à fait ordinaire, mais dont les Anglais avaient fait un héros. Le second, Dem Djaffer pacha, avait été le vaillant commandant des Albanais à Silistrie. Appartenant par sa naissance à une des familles les plus aristocratiques de l'Albanie méridionale, il avait pour mère Dem hanoum, qui correspondait avec la reine d'Angleterre et recevait d'elle de riches présents.

Le Circassien n'avait aucune éducation mondaine, politique, ni militaire, mais avait le cœur meilleur que les autres Circassiens et surtout plus de probité que la plupart d'entre eux.

L'Albanais était un homme policé, ayant quelques notions sur les connaissances étrangères; il avait vu le monde, avait visité Corfou, Trieste, Vienne, Venise. Ses goûts le portaient à fréquenter la société européenne; pendant la guerre de Crimée il avait cherché à plaire à Mlle B...., fille d'un général anglais, prêt à devenir chrétien et anglais si on avait voulu lui accorder la main de la jeune personne.

L'Angleterre préféra avoir à sa dévotion un pacha musulman en Albanie que de conquérir une âme à l'Église établie. Le mariage n'aboutit pas. Dem Djaffer demanda sa démission, obtint la protection britannique et conspira avec Hussein pacha.

La conspiration s'organisa impunément pendant tout le temps du séraskiérat de Mehmed Ruchdi pacha. Ce ministre avait la réputation méritée d'un employé honnête, probe et pédant. Sorti des rangs infimes de la société, il était arrivé, par son travail, par sa persévérance, au poste éminent qu'il occupait. Il avait appris le français dans les livres et sa conversation s'en ressentait; il n'avait eu d'autre stimulant que son bon vouloir. Très habile dans l'art d'écrire le turc, il passait des journées entières à corriger les fautes de calligraphie ou d'orthographe de ses écrivains. Le temps lui manquait pour répondre aux rapports, aux demandes qu'on lui adressait pour les besoins du service, pour donner des ordres ou dicter ses dispositions.

Quand quelqu'un se rendait au ministère et demandait aux aides de camp : « Que fait le séraskier? » on entendait toujours la même réponse : « Il gratte des papiers. »

C'était cependant le véritable chef du parti ultra-turc, qui ne repoussait ni les inspirations du fanatisme religieux, ni les réformes et le progrès; il les servait également.

Les deux pachas chefs de la conspiration étaient les hôtes assez fréquents de Mehmed Ruchdi pacha, mais il ne les soupçonnait pas, ou s'il avait quelques doutes n'en laissait rien voir, n'aimant pas à se mêler des affaires d'autrui.

La conspiration mûrissait pendant ce temps-là ; on en était arrivé à comploter contre la vie du sultan, cependant c'était un monarque plein de cœur, de qualités et de bon vouloir. Le libéralisme constitutionnel ou inconstitutionnel n'aime rien de ce qui s'élève au-dessus du niveau ordinaire. L'intelligence et le cœur sont la première des aristocraties.

Hussein Daïmi pacha, nommé pour je ne sais quel motif et dans quel but chef d'état-major, président du conseil du 3e corps d'armée, fut envoyé à Monastir-Bitolia. Djafler pacha resta à Constantinople. Sur ces entrefaites Mehmed Ruchdi pacha fut remplacé par Riza pacha.

Le nouveau séraskier apprit aussitôt l'existence de la conspiration et le nom des hommes qui en faisaient partie.

La nouvelle que le Circassien était en route pour l'Albanie où il allait recruter des soldats tandis que l'Albanais était resté à Stamboul parmi les nombreux Circassiens qui y résident, nouant des relations avec les esclaves du palais pour diriger le complot et en amener l'explosion, lui donna une faible opinion de l'intelligence des meneurs. Il vit tout de suite le côté peu pratique de leur œuvre ténébreuse; sans crainte et sans hâte, il en épia toutes les phases; il apprit même le jour désigné pour lever ouvertement l'étendard de la révolte.

Il appela auprès de lui, les uns après les autres, les généraux, les officiers en qui il avait le plus de confiance, et leur désigna les points qu'ils devaient occuper avec l'armée. Ayant su que Hussein Daïmi pacha était parti pour Larisse afin d'embaucher les serguerdars (chefs) de la troupe albanaise des frontières, il me fit appeler, à cause de la connaissance que j'avais du pays, et me demanda si je pensais que ces chefs se laisseraient entraîner et si l'on pouvait compter sur le colonel commandant le régiment chrétien dispersé en Épire et en Thessalie. Je répondis hardiment que l'on pouvait compter sur le colonel et que les serguerdars n'adhéreraient point au complot.

Le séraskier fit donner l'ordre au colonel d'avoir l'œil sur Hussein pacha, de le faire arrêter immédiatement malgré son grade si sa conduite offrait quelque chose de suspect. J'expédiai à Volo mon aide de camp porteur de ces instructions. Riza pacha envoya de son côté un aide de camp par Salonique à Monastir, pour avertir le commandant du 3e corps.

La veille du jour où le complot devait éclater, tous les conspirateurs furent arrêtés et conduits au séraskiérat. Il y en avait plusieurs centaines appartenant, la plupart, à l'artillerie et à la marine; il y avait aussi des employés, des imams et des Circassiens. Dem Djaffer pacha fut arrêté à son tour, enchaîné et jeté en caïque. Effrayé du sort qui l'attendait, il se précipita dans le Bosphore et s'y noya. Ce dénoûment fatal et imprévu causa plus de satisfaction que de désappointement aux ministres; on évitait ainsi les ennuis et les embarras qu'auraient pu susciter les relations du défunt avec l'ambassade d'Angleterre qui l'aurait peut-être couvert de sa protection.

Hussein Daïmi pacha fut arrêté à Larisse par Abdul Kérim pacha lui-même, envoyé sous escorte à Volo, d'où un bateau à vapeur le transporta à Constantinople.

Tout cela se fit sans résistance, avec un si grand mystère, une si grande sûreté d'exécution, que l'on apprit en même temps l'existence du complot et l'arrestation des coupables.

Riza pacha se rendit, dès l'aube, au palais, fit son rapport au sultan ému et attristé. Les conspirateurs avouèrent s'être soulevés contre les abus des ministres, mais nièrent avoir voulu attenter aux jours du souverain.

Le grand vizir, alors Mehmed Kibrizli pacha, les ministres accoururent, se jetèrent aux pieds du sultan, le suppliant de punir les coupables de mort.

Abdul Medjid répondit : « Non, non, ils n'ont pas voulu se révolter contre moi; s'ils m'ont enveloppé dans leurs mauvais desseins, je l'ai mérité puisque j'ai choisi de tels ministres et leur ai accordé aveuglément ma confiance. Je n'ai point su gouverner comme un monarque doit le faire; j'ai ignoré et toléré vos abus, vos malversations, votre négligence ; je ne les punirai pas de mort, qu'ils vivent. Et vous, allez, et corrigez-vous. »

Quand on supplia le sultan de doubler les sentinelles aux portes du palais, d'augmenter son escorte, il ordonna d'atteler une voiture découverte et parcourut la ville dont la population, sur son passage, le salua avec amour et enthousiasme.

LE SULTAN ET LE COSAQUE.

Un jour, le sultan se promenait sur le Bosphore dont les eaux étaient assez agitées, quand il aperçut un caïque à une seule paire de rames luttant contre les flots. La frêle embarcation semblait en danger; elle était loin de la rive et le pauvre rameur faisait des efforts désespérés pour l'atteindre. Évidemment elle allait sombrer si quelque secours ne lui arrivait. Il ordonna de ramer vers cette barque en péril. Au moment où s'approchait le caïque impérial, elle chavira et le passager qui la montait tomba à l'eau. De sa propre main Abdul Medjid le saisit par ses vêtements et le déposa près de lui. Ce naufragé était Osip Semenovitch Gantcharof, chef des cosaques vieux croyants de la Dobroudja, dont l'organisation militaire et le commandement m'avaient été confiés. Après lui avoir fait un riche présent en argent, il le congédia en disant : « Les siens ont exposé leur vie pour défendre mon trône et mon empire, pourquoi à mon tour n'aurais-je pas sauvé la vie de leur chef? »

Le sultan Abdul Medjid aimait à s'entourer d'hommes distingués par leur éducation, leurs capacités et leur mérite.

Au palais, la politesse, l'affabilité étaient poussées à un degré qui justifiait le proverbe : Tel valet, tel maître. Le sultan avait de la répugnance pour les grossiers et les ignorants.

Ses cuisines nourrissaient des centaines de pauvres qui venaient chaque jour chercher leur nourriture et celle de leur famille. Il se réjouissait de pouvoir nourrir ceux qui avaient faim.

Il avait, selon les règles du cérémonial de la cour, des nains, des bouffons, des conteurs, des astrologues, des comédiens, mais recourait rarement à leurs services, quoiqu'il fût d'humeur gaie et aimât à rire et à plaisanter. Il se plaisait au bal et au théâtre. Dans ces occasions il appelait toujours auprès de lui M. Antoine Alléon, le plus jeune des trois frères de cette famille bien connue à Constantinople, établie depuis de longues années en Turquie où elle était arrivée à une grande considération et à une grande fortune. Le sultan aimait à causer avec lui de politique, de beaux-arts, de la société. Tout ce qui était gai, spirituel sans être mordant, lui plaisait. Il était poli, affable, indulgent; aussi l'aimait-on plus qu'on ne le craignait, ce qu'il n'ignorait pas.

A'Ali pacha, ministre des affaires étrangères, plus tard grand vizir, le diplomate habile, bien connu de l'Europe, était de nature craintive. Un jour, pressé par l'ambassadeur d'une puissance étrangère, il fit une concession sans la permission du sultan. On porta ce fait à sa connaissance; quoique la concession fût de peu d'importance, il voulut lui faire des remontrances et l'appela près de lui.

Quand A'Ali pacha souleva la portière de la chambre du sultan et qu'il le vit se promenant de long en large tenant dans ses mains son chibouque, il s'effraya tellement qu'il laissa retomber le rideau, franchit l'antichambre, l'escalier et se retrouva dans son caïque qui le transporta de l'autre côté du Bosphore. Le sultan apprit cette fuite précipitée et s'en amusa beaucoup. A ceux qui lui conseillèrent de destituer un tel ministre, il répondit en riant : « Je ne ferai point cela; comment renvoyer ce ministre, c'est le seul homme qui me craigne? »

Le sultan ne s'asseyait jamais à table lorsqu'il donnait des dîners de gala. Après avoir reçu ses hôtes, il entrait dans une loge donnant sur la salle à manger : de là, il observait ses convives, écoutait leurs conversations, sans être vu. Après le repas, il se rendait dans les salons et causait avec eux. Il aimait à se rappeler et à raconter deux incidents qui avaient eu lieu à ces dîners. Lord Redcliffe, encore à cette époque sir Stradford Canning, à l'un de ces repas, voyant apporter une magnifique dinde truffée, pria qu'on ne la découpât pas, mais qu'on la posât entière devant lui, il l'admira et dit : « Elle a la poitrine bombée comme un officier de la garde russe, » et il la perça d'un vigoureux coup de fourchette.

Abdul Medjid s'approcha de sir Canning lorsque les convives eurent passé dans les salons et lui dit : « N'est-ce pas, si les Russes étaient des dindes, comme cela serait bien ! »

Une autre fois un ambassadeur prussien, dont j'ai oublié le nom, appartenant à une famille aristocratique, fit si bien honneur au festin qu'il s'enivra. Le sultan se fit excuser auprès de ses hôtes et ne descendit pas, disant qu'il craignait un pareil sort.

Abdul Medjid mangeait toujours seul. On apportait devant lui une table de petite dimension en ébène incrustée de nacre, d'or ou d'argent; sur cette table on déposait un grand plateau en argent ou en vermeil, chargé de soucoupes en porcelaine de Chine contenant divers hors-d'œuvre, tels que du caviar, de la boutargue, de la viande ou du poisson fumés, de la salade, des sardines, des olives, des concombres et différents légumes confits dans la saumure, du pain de diverses qualités, mais tout cela en minime quantité. Sur un plateau plus petit se trouvaient du mastic, des liqueurs, du vin, des verres de différentes grandeur, de l'eau de source, des cuillers, des fourchettes, des couteaux en or et en argent, en ivoire, en bois de coco, en écaille à manches de corail. Avant de s'asseoir, il se lavait les mains au-dessus d'une cuvette de vermeil que tenait un serviteur tandis qu'un autre faisait couler l'eau d'une aiguière de même métal et qu'un troisième présentait un essuie-mains d'étoffe pelucheuse orné de riches broderies d'or et de soie.

Il buvait d'abord le mastic, puis un verre d'eau et mangeait les hors d'œuvre. Puis deux et quelquefois quatre officiers de bouche apportaient un grand coffre carré en argent, fermé à clef par le cuisinier en chef avant de l'expédier. Le premier chambellan l'ouvrait avec une clef semblable avant d'en offrir le contenu au sultan. Sur un réchaud plein d'eau chaude qui en remplissait le fond reposaient une quantité de petites casseroles en argent recouvertes de leurs couvercles. Ces casseroles contenaient les mets les plus recherchés en fait de viandes, de poissons, de légumes, de gâteaux, d'entremets sucrés sans oublier le pilaf national et le hochaf, sorte de compote très liquide et peu sucrée. On servait d'abord la soupe, puis les divers plats les uns après les autres. Le sultan ne faisait qu'y goûter le plus souvent, quelquefois n'y touchait point et les envoyait aux personnes qui se trouvaient dans les autres salons en ayant soin de les désigner par leur nom. Il envoyait aussi des liqueurs et du vin dont il faisait usage, enfreignant en cela les préceptes du Coran. Un dîner turc, à plus forte raison un dîner impérial, se compose d'une quantité de plats ; on sert à tour de rôle de la viande, des légumes, des gâteaux, du poisson, des plats sucrés pour terminer invariablement par le pilaf et le hochaf. Au milieu du repas on présente des sorbets ou de la limonade glacés. Après comme avant le dîner le sultan se lavait les mains, puis on faisait brûler dans des cassolettes des parfums d'Arabie et l'on apportait le café de moka d'un goût et d'un parfum exquis.

Le sultan Abdul Medjid n'était ni grand mangeur, ni gourmand; il était plutôt gourmet, aimait les plats délicats et recherchés, le gibier et les fruits; il buvait surtout du vin de Bordeaux et de Champagne.

Les dignitaires de la cour, les employés, les officiers, les gens de service, les soldats avaient des tables séparées, une nourriture abondante et succulente. Dans certaines occasions seulement le service était fait à la franque ; mais ordinairement on se servait de plateaux en cuivre et en laiton reluisant comme de l'or. Le sultan tenait à ce que l'abondance et le bien-être régnassent dans son palais.

Lorsque le sultan mangeait au harem, de nombreuses esclaves, appartenant aux divers degrés de la hiérarchie, faisaient le service.

Abdul Medjid, lorsque le temps le permettait, sortait tous les jours soit en caïque, soit en voiture, soit à cheval. Il se rendait tantôt dans l'un, tantôt dans l'autre de ses nombreux kiosques luxueusement emménagés situés sur les deux rives du Bosphore ou sur les hauteurs qui les dominent. En voiture il était toujours seul; à cheval il précédait sa suite et son escorte qui n'étaient pas nombreuses. A cheval ou en voiture, il se faisait toujours suivre d'un fourgon contenant une quantité considérable d'habits, de linge, afin que si la fantaisie le prenait de changer de vêtements, il pût le faire à son gré et à son choix. Il était d'une propreté poussée à l'excès et d'une minutie qui lui faisait souvent refuser plusieurs habits les uns après les autres s'il y remarquait quelque grain de poussière oublié ou si le linge ne lui paraissait pas d'une blancheur immaculée. Le serviteur chargé de le servir ne devait toucher aux objets destinés au sultan que les mains recouvertes de serviettes et les tenir assez éloignés de lui pour qu'ils ne frôlassent pas ses habits.

On raconte qu'un jour, à son kiosque de

Flamour, il retira son manteau et ordonna qu'on le portât derrière lui. Le domestique à qui était échu cette charge tenait le vêtement soigneusement enveloppé d'un essuie-mains et marchait derrière son maître qui se promenait de long en large dans l'appartement. Cela dura plus d'une demi-heure, si bien que le serviteur, impatienté jeta le manteau sur le sofa en s'écriant : « Je n'en puis plus ! » Les témoins de cette scène, épouvantés de cette hardiesse, attendaient avec anxiété ce qui allait se passer. Le coupable lui-même, honteux de sa violence, était anéanti, la tête baissée, les mains croisées sur l'estomac, à la mode orientale ; il était d'avance résigné au sort qui l'attendait. Abdul Medjid s'arrêta, plus surpris qu'irrité, le regarda curieusement en disant : « Voici un homme, » et depuis, lui témoigna plus de faveur qu'à tout autre.

L'escorte du sultan se composait d'aides de camp, d'officiers d'ordonnance, de domestiques et de soldats. On pouvait remarquer aux derniers rangs deux mulets chargés chacun de deux caisses de cuir dont l'état témoignait d'un long usage. Selon la tradition et les vieilles coutumes, ces coffres devaient contenir de menues monnaies dont on gratifiait les pauvres se trouvant sur le passage du sultan. Hélas! ils sonnaient le creux, et paraissaient parfaitement vides, fidèle image des finances de l'empire.

Sous le règne d'Abdul Medjid, ses femmes, ses sœurs, ses nombreuses favorites se livraient à des dépenses folles; il n'y avait pas de fantaisies ruineuses auxquelles elles ne cédassent. Les fournisseurs ne se faisaient point faute d'abuser de leur ignorance du prix de toutes choses, et bien des fortunes s'édifièrent sur ces prodigalités.

Les dépenses du palais absorbaient une partie du budget. Les esclaves qui avaient séjourné au sérail soit que le sultan en fût lassé, soit qu'il voulût les remplacer, étaient mariées et dotées aux frais de la cassette impériale.

Deux ans avant la mort d'Abdul Medjid on célébra les noces de deux de ses filles, dont l'une épousait Il Hami pacha, prince égyptien, avec un luxe rappelant celui des *Mille et une nuits*. Des tentes avaient été dressées sur les hauteurs de Nichantach pour le sultan, pour les ministres, les dignitaires de l'empire, les généraux;

elles étaient doublées de riches étoffes de soie et de cachemire, des tapis de Perse et de Smyrne recouvraient le sol; des meubles, des divans, des lustres y avaient été installés.

Toutes les affaires se traitaient sous ces tentes qui rappelaient aux Turcs d'aujourd'hui leurs ancêtres, les nomades turcomans et les conquérants osmanlis. On y recevait le corps diplomatique, les drogmans, les personnes de distinction; des tables somptueuses étaient servies à l'heure des repas sous les tentes des hauts fonctionnaires, de plus simples sous celles des employés inférieurs; chacun s'asseyait aux unes et aux autres selon son rang et sa condition. On offrait à toute heure aux nombreux visiteurs qu'attiraient ces splendeurs orientales du café, des glaces, des sorbets et des rafraîchissements de toutes sortes. Différents orchestres se faisaient entendre : les uns exécutant des morceaux d'opéra et des danses; les autres, des airs turcs dont la mélopée monotone est chère aux oreilles des Orientaux. Un cirque, des bateleurs, des caragueuz étaient installés au milieu du camp; le spectacle en était gratuit et attirait une masse de spectateurs. Le soir cette ville improvisée s'illuminait de mille feux, les lustres s'allumaient, les verres de couleur dessinaient les chiffres du sultan, des versets du Coran, des feux d'artifice et des feux de bengale illuminaient chaque soir les deux rives du Bosphore. Cela dura quinze jours, huit jours pour chacune des princesses. Les cadeaux qu'elles reçurent à l'occasion de leurs noces étaient d'une grande richesse. Ce furent les dernières fêtes de ce genre dont on se souvienne à Constantinople. L'État allant s'appauvrissant de jour en jour, il a fallu renoncer aux coûteuses et magnifiques traditions des temps plus fortunés.

LES BOSNIAQUES.

Les Turcs, après la bataille de Kossovo-pole, détruisirent la noblesse bulgare et la noblesse serbe; la noblesse bosniaque, pour éviter le même sort, après ses premières luttes contre les envahisseurs, adopta l'islamisme avec Wuk Brankowitch afin de conserver ses privilèges et la possession de la terre slave.

Cette branche de la famille serbe occupait la Bosnie et l'Herzégovine; les Bosniaques étaient braves comme les anciens Polonais, mais indisciplinés comme eux.

Fanatiquement attachés à leurs traditions nationales, à leurs coutumes, ils ont, malgré le règne plusieurs fois séculaire des Turcs, conservé, jusqu'aujourd'hui, leur caractère et leur langue. La plupart d'entre eux ne connaissaient en turc que le nom d'Allah, de Padischah et merhaba, la salutation musulmane. Ils ont une profonde aversion pour les Allemands, qu'ils appellent Chwabs, si bien que quand deux femmes se disputent, après s'être jeté à la tête les injures les plus grossières, l'une finit par dire à l'autre : Ty Chwalska! (toi, Allemande). Celle qui a été si cruellement insultée prend aux cheveux son adversaire ou se retire en pleurant, ne pouvant rien répondre de plus mortifiant à son adversaire. Le luxe s'étale dans certaines maisons, le luxe large et généreux des Slaves, la misère dans d'autres; mais partout on boit, on s'amuse, on aime la danse, la musique, les chants, les grandes chasses, les courses; on se livre parfois des batailles. La nation est vantarde, bruyante, présomptueuse; elle offre une grande ressemblance avec la noblesse polonaise du temps passé. Quand les Bosnioques montaient leurs chevaux vifs et ramassés et sortaient leurs sabres du fourreau, rien ne pouvait leur résister. L'invasion qui mit Vienne à deux doigts de sa perte était plutôt bosniaque et slave que musulmane. Le célèbre vizir Sokoli disait : « Il faut que les Chwabs bêlent comme des chèvres en détresse dans Betch. » Le mot Betch jusqu'aujourd'hui, chez les Slaves méridionaux, sert à désigner Vienne. Le jeu de mots que l'on prête à Sokoli n'est presque pas intelligible en français et repose sur le mot « betchic » qui, en slave, signifie bêler. Et il ajoutait : « Quand il ne restera pas pierre sur pierre à Betch, nous Slaves, nous entonnerons notre chant guerrier qui étouffera à tout jamais les bêlements des Chwabs. »

Dans son poëme *Osmaniada* le poëte slave, prince Gundoulitch, maudit le porc engraissé, Jean Sobieski, qui n'a pas permis aux Bosniaques slaves d'écraser les Chwabs. Ce n'était pas aux Slaves, dit-il, de sauver Vienne.

Tels étaient les Bosniaques à Cossovo-pole et sous les murs de la capitale de l'Autriche, tels ils étaient encore à l'avènement du sultan Abdul Medjid. Dans leurs tombeaux dormaient depuis longtemps d'un sommeil éternel Wuk Brankowitch, Ahmed Sokoli, Mustafa le Noir et Hussein jmij (vipère), mais Ali Stoltchewitch et Mustaï Babitch vivaient encore à cette époque.

Ali Stoltchewich, héritier des princes d'Herzégovine, était pacha, vizir du grand seigneur, quand fut promulgué le hati-cherif de Gulhané (programme des libertés de la vallée des Roses), don du jeune sultan à ses peuples. Afin de le faire connaître à sa nation, il la convoqua à Mostar, capitale de l'Herzégovine. Lui-même monta sur son cheval blanc superbement harnaché; ses yeux brillaient plus que les brillants qui ornaient sa chabraque. Il escalada un petit monticule et ordonna de lire le hat à la foule assemblée.

Le silence était profond; on entendait le bruit des ailes des oiseaux de proie qui planaient au-dessus du peuple des aigles.

Le hat annonçait qu'à partir de ce jour, dans l'empire entier, les sujets d'Abdul Medjid étaient tous égaux, malgré la différence de religion, de condition et d'état, tous égaux devant la loi, devant le sultan, comme ils le sont devant Dieu; le plus humble pasteur devenait l'égal du plus puissant vizir. La lecture cessa, Ali Stoltchewitch fit signe de la main, et, soudain, on entendit des cris, des pleurs, des imprécations. Les pandours et les serviteurs du pacha frappaient à coups de bâton la foule réunie. Cela dura une demi-heure; le peuple se sauvait, mais ne se défendait pas et criait : Aman, aman! A un signe de Stoltchewitch tout rentra dans l'ordre, puis il descendit de cheval, jeta son sabre à terre et dit à haute voix : « Battez-moi maintenant. »

Le peuple leva les mains vers lui en criant : « Aman, aman ! notre seigneur, notre maître, vis de longues années. »

Soltchewitch sourit et ajouta : « Et bats-nous. N'avez-vous pas entendu ce qu'on vous a lu : Le plus humble pasteur sera l'égal du plus puissant vizir. Je vous ai fait battre, battez-moi à votre tour. Puisque vous ne le faites pas, le hat n'a point dit la vérité ou vous n'êtes pas en état de la comprendre et d'en profiter. Allez chacun chez vous, soyez tranquilles et priez Dieu pour le padischah. »

C'est ainsi que fut promulgué le hati-cherif de Gulhané à Mostar, en Herzégovine.

En Bosnie, il y avait quatre pachas héréditaires, dont l'un appartenait au clergé.

Fazli Cherifitch descendait, selon la légende, d'une vieille famille tatare de Bohara. Mustaï Babitch était d'ancienne race slave bosniaque.

Cherifitch lut lui-même le hat dans les mosquées de Sarayevo ; le peuple se réjouissait, dans les rues, des libertés et de l'égalité qu'on lui avait octroyées et criait : Padischah chokyacha (1) !

Babitch de Trawnik, à la tête de quelques

(1) Vive le sultan !

milliers de spahis se préparait à se battre contre les Chwabs.

Des Bosniaques batailleurs, ennemis des Allemands, leur avaient sur la frontière, enlevé des bestiaux, des chevaux, des femmes, chacun ce qui était à sa convenance, puis les avaient battus sans miséricorde. Jelatchic, ban de Croatie, ne parvenant pas à obtenir la punition des coupables, ni du gouvernement local, ni de celui de Constantinople, se décida à envoyer un détachement de soldats pour montrer que les Impériaux ne se laisseraient ni braver, ni attaquer impunément. Il ne rendait point du pain pour une pierre, mais œil pour œil, dent pour dent.

Mustaï flaira le gibier allemand dans les forêts du sultan, il s'éloigna de la frontière, revint sur ses pas, coupa les communications des Autrichiens et les massacra tous sans en laisser vivre un pour aller porter la fatale nouvelle au ban de Croatie. Jelatchic se douta de ce qui était arrivé. Il fit un rapport au gouvernement de Vienne. De Vienne on adressa des notes à la Sublime Porte.

Le ministère turc, fort perplexe, hasarda la

supposition que les soldats impériaux avaient peut-être déserté pour se faire heïdoutes dans les bois, préférant la vie aventureuse et libre au service de l'empereur. Un facétieux parla des tremblements de terre qui avaient causé des dégâts assez considérables à Constantinople, à ce moment-la, et pouvaient bien avoir englouti les soldats disparus.

Mustaï partit lui-même pour Constantinople, afin de rendre compte de ce qui s'était passé. Il se présenta devant le conseil ayant un imam à sa gauche, comme fidèle musulman ; un franciscain bosniaque à sa droite, comme dignitaire slave. Il produisit les chroniques bosniaques, celles de sa famille qui racontaient les hauts faits du guerrier Babitch tombant avec ses hommes d'armes sur les châteaux et les villes allemandes du voisinage, brûlant, pillant et massacrant, dès le huitième siècle de notre ère. Il était Slave, ses ennemis Chwabs, c'était le seul motif de ces agressions dont parlent les histoires du temps passé et qui avaient rempli le pays de crainte et d'effroi. C'est muni de tels arguments que le coupable se présenta devant la Sublime Porte. « C'est moi qui ai tout fait, ajoutait-il. Défenseur héréditaire des frontières comme mes ancêtres l'ont été, j'ai battu les douaniers, je n'ai pas pu voir souiller impunément le sol de l'empire du sultan par des Allemands, moi descendant du guerrier Babitch alors que les Habsbourgs..... » On ne le laissa pas achever. On le déclara, avec l'assentiment de l'internonce d'Autriche, atteint d'aliénation mentale.

Le noble Babitch resta un mois à l'hopital des fous, buvant du tokaï avec le père franciscain Philippe Pachalitch, avec l'iman Abdul Kadri. Souvent on m'invitait à participer à cette nouvelle cure avec mon secrétaire Hassib, Cheifoulowitchib et nous étions là en si bonne compagnie que nous désirions devenir aussi fous à notre tour. Au bout d'un mois, on remit Mustaï en liberté, mais, pour mettre une sourdine à ses dangereuses velléités d'indépendance, on décida de le nommer livapacha, général de brigade, et de le soumettre à la discipline régulière de l'armée. On lui enjoignit de revêtir l'uniforme de son nouveau grade et de se présenter à la revue que devait passer le sultan quelques jours après dans les plaines d'Haidar pacha, à Scutari.

Mustaï Pacha était d'assez haute taille, élancé, très adroit, brun, aux traits nobles et réguliers. Il avait été à Vienne, à Pesth, admirait beaucoup les Allemandes qu'il n'enveloppait point dans la haine qu'il avait vouée à leur race; il avait alors trente et quelques années.

Nous fûmes très étonnés de le voir dans son uniforme, il nous parut plus petit, plus gros. Cet aspect ne lui nuisait pas auprès des Turcs, car chez eux l'embonpoint s'accorde avec le grade et les dignités. Son cheval arabe, apparemment confondu de la nouvelle tournure de son maître, semblait avoir pris les allures d'un âne.

Le sultan arriva, descendit de voiture, monta son cheval alezan de prédilection, passa devant le front et s'arrêta pour que l'armée défilât devant lui; mais avant il ordonna d'appeler Mustaï pacha.

En un clin d'œil, le noble bosniaque se débarrassa de son costume de pacha turc, éperonna son cheval et se présenta devant le souverain en costume écarlate brodé d'or orné de boutons de diamants, brillant comme un soleil. Le cheval et le cavalier étaient redevenus dignes l'un de l'autre. « Sire, dit-il, Babitch, commandant tes spahis bosniaques ne peut se présenter au descendant des Mourad et des Feti Mehmed dans un autre costume que celui sous lequel ses aïeux ont servi les tiens, la Bosnie tout entière en eût été attristée. »

Le sultan ne s'offensa pas de cette hardiesse, l'envoya en Bosnie afin qu'il y commandât de nouveau les spahis, mais il lui fit recommander d'être plus circonspect à l'avenir. Il partit pour son malheur. Il n'eut pas, comme Hussein surnommé le Capitaine et la Vipère bosniaque, le courage de renvoyer tous les Turcs et de gouverner la Bosnie avec des Bosniaques, à la plus grande gloire du sultan. Il aimait son pays ardemment et passionnément et voulut le servir comme il le pouvait et le savait. Il n'avait jamais lu le poëme de Walenrod et ne connaissait pas l'existence du grand Lithuanien rendu célèbre par l'illustre poëte polonais Mickiewicz, mais il imita sa conduite. Lorsque le nouveau gouverneur arriva, il lui amena ses régiments tandis qu'en dessous, il fomentait la révolte parmi les Bosniaques. Il conduisit le gouverneur au combat pour l'exposer à des défaites. Tout en combattant sous ses ordres, il dirigeait les mouvements des insurgés et leur fournissait des armes et de l'argent. Il fit passer en Serbie le gouverneur vaincu, lui conseilla de se rendre à Constantinople pour y demander de nouvelles instructions et de nouvelles troupes.

Les Bosniaques respirèrent pendant quelques mois, se gouvernant eux-mêmes jusqu'à ce qu'arrivât un nouveau pacha accompagné d'une suite de Turcs pillards. Babitch se défit encore de Tahir pacha ; il aurait fait éprouver le même sort au Circassien Hafiz pacha si Omer Lutfi pacha n'était pas apparu à son tour sur la scène. Cet heureux commandant fut envoyé avec une armée qui comptait beaucoup d'officiers polonais, vaillants hommes de guerre, pour introduire le tanzimat en Bosnie et en Herzégovine.

Mustaï pacha arriva avec ses spahis, il conduisit l'avant-garde, se battit, fut blessé, reçut des récompenses, mais continua à jouer son double jeu, à donner des conseils et à provoquer la retraite. Malheureusement les papiers les plus compromettants tombèrent entre les mains d'Omer pacha. Babitch et Stoltchewitch furent arrêtés et beaucoup d'autres avec eux. On leur fit traverser les principales villes de la Bosnie montés sur des ânes, la tête tournée vers la queue de leur monture qu'ils tenaient entre leurs dents. L'âne de Stoltchewitch était mené par ses propres fils.

Cette conduite indigna toute la nation. Dervich pacha de Lomja, renégat bulgare, sur l'ordre d'Omer pacha en finit avec Ali Stoltchewitch comme jadis Muchavski sur l'ordre d'Etienne Czarniecki acheva Jean Wyhovski. Un soldat tira sur lui, soi-disant par hasard, lorsqu'il était assis dans sa prison.

On envoya Mustaï pacha à Constantinople. Il fut mis en jugement devant le conseil des dignitaires de la Porte, conseil où siégea Omer pacha, que l'on avait appelé tout exprès. Mustaï protesta, récusa le tribunal devant lequel on l'avait fait comparaître, déclarant qu'il voulait être jugé par ses égaux : il jeta son sabre sur la table devant le grand vizir. Sachant que le sultan ne consentirait pas à ce qu'il fût condamné à mort, on l'exila à Brousse. Il ne vécut pas longtemps, sa fin subite et mystérieuse ne laissa aucun doute sur la manière dont on s'était débarrassé du prisonnier.

C'est de cette manière qu'Omer pacha introduisit le tanzimat en Bosnie, mais non parmi les Bosniaques. En 1854 aucun d'eux ne prit part à la guerre de Crimée, la Turquie perdit le plus brave des contingents guerriers de son empire.

En 1861 j'étais au camp de Kossovo-pole, Haki Ismaïl pacha. surnommé Cheïtan, Circassien d'origine, un des meilleurs commandants de l'armée turque, était sous ma tente quand on m'annonça la venue d'un Bosniaque jeune, alerte et de haute mine, suivi de quelques cavaliers. Il se présenta comme Mehmed Kulen Kulenovitch, fils du propriétaire des Vacoufs de Kula. Il venait s'inscrire comme volontaire dans la troupe chrétienne dite régiments des cosaques ottomans.

La race des Kulen bey est une des plus remarquables et des plus aristocratiques de toute la Bosnie et de l'Herzégovine. Cette puissante famille possédait les vacoufs (biens du clergé) des mosquées de la Bosnie et de l'Herzégovine; ils devaient être considérables, puisque Kulen bey, avant le tanzimat, était obligé de fournir cinq cents cavaliers pour le service du sultan. Ces cavaliers devaient être vêtus et équipés à ses frais ; les chevaux, au nombre de cinq cents, sortant de ses haras étaient destinés aux écuries impériales.

Les chevaux de Kulen bey étaient célèbres et avaient donné une haute opinion de la race chevaline du pays. De taille moyenne, ramassés, fortement bâtis, nerveux et souples, c'étaient de vrais chevaux de hussards ; ils avaient le cou dégagé, la tête sèche, les yeux admirables, leur robe était ordinairement grise. Le fameux charak (gris) du roi Marco, dont on retrouve si souvent le nom dans les chants héroïques serbes, appartenait à cette race ainsi que le Zielenietz du célèbre Scanderberg.

Haki Ismaïl pacha fut enchanté de l'arrivée d'un tel volontaire ; il lui parla lui même, me recommanda de l'engager à s'inscrire dans la garde du sultan, se faisant fort de lui obtenir de suite le grade de capitaine, de colonel même. Le jeune Kulenovitch ne voulut à aucun prix accepter de servir les Turcs dans ces conditions-là. Slave, il voulait servir dans un régiment dont le caractère fût slave; c'est pourquoi je l'inscrivis dans le corps des cosaques ottomans. Excellent soldat, bon officier, il était de race guerrière et mourut malheureusement d'une maladie de poitrine.

Son grand-père Zulfikar Kulen bey Kulenovitch appartenait en 1810 à la garnison de Giurgevo, sur la rive du Danube, en face Roustchouk. Il commandait cinq cents cavaliers du vacouf de Kulen. Il avait perdu deux cents hommes, pendant les reconnaissances, quand la garnison se rendit aux Russes, qui n'étaient du reste pas nombreux. Kulen bey protesta, monta à cheval avec les siens, en plein jour, sous les yeux de l'ennemi stupéfait. L'épée à la main, il se fraya un chemin à travers l'armée russe et se rendit dans la petite Valachie. Pendant deux mois et demi, sans carte géographique, à laquelle il n'aurait sans doute rien compris, sans boussole, il erra en Valachie et en Moldavie. Au-dessus d'Ismaïl, il traversa le Danube à la nage, atteignit Toultcha avec ses trois cents hommes et leurs trois cents chevaux, se posta en sentinelle sur la terre des sultans, pour défendre l'entrée du Danube. Le sultan donna cette terre à Kulen bey, en récompense de la bravoure et de la fidélité des Bosniaques. Kulen bey baisa le firman impérial, le porta à son cœur et à son front, en signe de reconnaissance, et dit à ses spahis : « Ce n'est pas à moi, c'est à vous que le padischah a fait don de ce territoire, prenez-le. » Il fit venir les familles de ses spahis, donna des chevaux de ses haras et tout ce qu'il fallait pour cultiver la terre. La colonie grandit, prospéra, s'enrichit et prit le nom de Bosniak Mahalessy sous lequel elle doit exister encore.

En 1869 j'ai rencontré dans le district de Toultcha des Kulen bey, des Becherovitch, des Bihtchitz et d'autres nobles bosniaques qui, pour échapper au joug qu'Omer pacha faisait peser sur leur pays, l'avaient quitté pour se réfugier dans les contrées slaves du Danube. Comme musulmans ils avaient juré fidélité au sultan, mais comme Slaves, ils maudissaient le Croate renégat qui, le sabre à la main, avait détruit leurs privilèges et les avait chassés de leurs foyers. « Qui sait, disaient-ils, si nous ne reconquerrons pas ce qu'il nous a fait perdre? »

Pauvre noblesse! elle ressemblait à la noblesse polonaise émigrée. Toutes deux proscrites, elles durent se livrer à tous les métiers pour subvenir à leur existence. Ces fiers Bosniaques avec leur allures chevaleresques, leurs fez sur le côté, leurs regards et leurs mouvements guerriers, durent se faire marchands, cavass dans les consulats, surveillants de travaux, ouvriers même. La Sublime Porte commit une grande faute en faisant, avec le tanzimat, tomber les armes des mains de ce peuple héroïque. Omer pacha lui-même fut coupable d'avoir montré un zèle impitoyable et de n'avoir pas eu assez d'amour et d'indulgence pour ses frères de race.

Dans la troupe chrétienne des cosaques, il y avait beaucoup de Bosniaques musulmans, orthodoxes et même catholiques. C'étaient d'excellents soldats sous le rapport de la valeur, de la hardiesse et de la tenue, mais leur conduite était parfois bizarre.

L'un d'eux, Jovo Gidkowitch, de Banialouka, avait reçu en entrant au régiment un beau et bon cheval qu'il aimait et soignait certainement plus que lui-même. Sans aucun motif, uniquement par distraction, le capitaine commandant l'escadron, prit une fois le cheval de Jovo pour aller à l'exercice. Jovo donna son cheval sans murmurer, mais ensuite alla à l'écurie, s'arma d'un pistolet et s'en tira un coup dans la tête. La balle glissa sur le crâne et ne le tua pas. On le transporta couvert de sang à l'hôpital où on lui donna les soins nécessaires; il ne se plaignait pas de son mal, mais répétait continuellement : moje Kontche! (mon cheval)! Ayant appris cet incident je fis une sévère remontrance à l'officier qui n'avait pas le droit de prendre le cheval de son soldat, et j'assurai Jovo que son cheval lui serait rendu. Cinq ans se passèrent; selon les capitulations, le soldat avait droit à sa démission.

Il vint me trouver directement et me demanda si son cheval serait réformé. « Non, lui répondis-je, car il est encore apte au service. — Alors, je resterai encore cinq ans, » dit-il. Au bout de ce temps le cheval était encore vif et bien portant; cependant par égard, pour Jovo, j'ordonnai de réformer le cheval, et tous les deux, l'un portant l'autre, partirent pour Banialouka. Trois ans après, lorsque j'étais à Andrinople, tous deux vinrent me rendre visite.

Jovo, devenu un riche marchand, attribuait sa bonne chance à son vieux coursier qui était Kysmetli (1), disait-il. L'autre soldat, nommé Sima Kowatchewitch, fut choisi par le sultan Abdul Azis pour être attaché à sa suite comme sous-officier. Deux voyageurs de Bihatch lui amenèrent une fois deux moutons, de la part de son frère. Il en tua un, en fabriqua des saucisses à la mode bosniaque, les mit sur un plateau qu'il enveloppa de tulle rose noué par des rubans de diverses couleurs, et les envoya au sultan. Son présent était accompagné d'une lettre écrite dans un style à la fois humble et pompeux, priant le sultan de vouloir bien goûter de ce mets bosniaque, ainsi que ses fils.

On rit beaucoup de ce présent audacieux et Abdul Azis, dit-on, daigna goûter ces saucisses. Sima devint officier, dans la suite; on l'aimait au palais, car il était gai, complaisant et hospitalier; il parlait à tout le monde sa langue maternelle, s'étonnant qu'on ne le comprît pas.

L'islamisme bosniaque n'était pas un fana-

(1) Kysmetli; aimé du destin.

tisme religieux, portant à sacrifier la vie présente à une éternité inconnue. Chez cette nation, l'islamisme engendra un fanatisme que l'on peut appeler social et politique. Grâce à lui, elle avait conservé la possession exclusive de la terre, des privilèges, la supériorité du pouvoir et de la condition sur ceux qui professaient les autres cultes. La religion devint la gardienne et le garant de ce bien être matériel et de cette priorité politique, c'est pourquoi les Bosniaques exagèrent les signes extérieurs de leur dévotion, quoiqu'ils soient au fond assez indifférents en matière de croyance.

Les musulmans et les chrétiens vivent en bonne harmonie, souvent même ils s'unissent par des mariages. Les musulmans épousent des chrétiennes qui ordinairement adoptent l'islamisme; les cas d'union entre musulmanes et chrétiens sont plus rares : s'ils ne sont pas condamnés religieusement, ils sont méprisés socialement.

Tous les Bosniaques musulmans sont des beys ou des agas, c'est-à-dire appartiennent à deux catégories de noblesse. Ceux qui remplissent les fonctions cléricales se distinguent par leur instruction, leur connaissance du Coran et des livres, portent le titre d'effendis. — Les chrétiens obtiennent les titres d'agas et de beys, soit par un privilège particulier du sultan en récompense de leurs services, soit en vertu d'un mazbata de l'assemblée des notables musulmans, ou encore à cause de la fortune qu'ils ont acquise dans le commerce.

Les chrétiens bosniaques sont très aptes au commerce et le font avec Vienne, Pesth et les autres villes de l'Autriche. En leur écrivant, leurs correspondants les gratifient du titre de beys ou d'agas. Quelquefois des procès les appellent devant les consulats; le titre alors est pour ainsi dire sanctionné par l'emploi qu'on en fait dans les pièces officielles.

Les catholiques sont très supérieurs sous tous les rapports, excepté sous celui du patriotisme national, à leurs compatriotes orthodoxes, à cause de la supériorité intellectuelle et de l'action politique de leur clergé qui a pris en main la direction du progrès et de l'instruction dans toute la Bosnie. Ce clergé, grâce à l'esprit éclairé dont il est animé, est dans les meilleurs termes avec ses compatriotes musulmans. L'Autriche lui accorde une protection efficace. L'Angleterre, la France et surtout le pape lui sont très favorables.

Depuis la conquête ou plutôt depuis la soumission volontaire de la Bosnie et de l'Herzégovine au pouvoir du sultan, la congrégation des pères franciscains jouit à peu près des mêmes privilèges que les beys et les agas. Le padischah leur accorda le droit de propriété et ils surent obtenir une influence prépondérante sur le peuple pratiquant le catholicisme. Le pape leur avait, dès l'origine, accordé le monopole religieux de la Bosnie et de l'Herzégovine. Composé d'hommes éminents, presque tous bosniaques, ce clergé fut le véritable palladium de la nationalité slave dans les provinces serbes. Ayant à sa tête desprélats tels que Philippe Pachalitch, l'un des plus habiles et des plus actifs diplomates slaves que j'aie connus, Karaoula, Kuyumdzitch, Neditch et autres, il appuyait avec adresse et intelligence ses congénères musulmans quand ceux-ci se posaient en gardiens des privilèges bosniaques, les orthodoxes quand ils défendaient la nationalité commune comme du temps de George le Noir et de Milosch Obrénovitch. Il opposait une vive résistance à l'immixtion et à l'influence de l'Autriche-Hongrie, même quand les ingérences de cette puissance étaient appuyées par la papauté.

En 1842, le pape, sur les instances de l'empereur d'Autriche, nomma évêque de Bosnie l'abbé Barichitch, Bosniaque de naissance, mais Allemand de cœur et d'âme. Cette nomination portait atteinte aux privilèges accordés par la ville sainte à la communauté des pères franciscains qui devait, à chaque vacance du siège épiscopal, présenter des candidats de son choix à l'acceptation du saint-siège. — Les franciscains, appuyés par les beys musulmans, refusèrent d'accepter l'évêque qu'on leur imposait. — L'internonciature d'Autriche parvint à obtenir de la Sublime Porte que le gouverneur de Bosnie appuyât l'entrée en fonctions de Barichitch. La communauté envoya à Constantinople le père Philippe Pachalitch pour revendiquer ses droits; Riza pacha et Mehmed Ali pacha lui firent obtenir une audience d'Abdul Medjid. L'adroit religieux ne se plaignit ni de Rome, ni de l'Autriche, il déclara que Barichitch était aussi bon Bosniaque, aussi bon prêtre que les autres franciscains, mais que sa manière d'envisager les affaires slaves était différente. Lui, désirait voir les Slaves sous la protection et le sceptre des Habsbourgs, tandis que les franciscains, fidèles à leurs serments et à leurs firmans, voulaient rester sous la domination des sultans ottomans. Abdul Medjid accueillit Pachalitch d'une façon très gracieuse et lui fit répondre que le sultan ne pouvait pas annuler aujourd'hui ce que la Porte avait décidé la veille, mais que si l'on s'arrangeait de façon à ce que l'évêque s'en retournât comme il était venu, l'ordre serait donné de ne plus le laisser rentrer dans le pays.

Mustaï pacha se chargea de reconduire l'évêque hors des frontières; il le fit saisir dans sa demeure par ses spahis, mettre à cheval et l'enleva. Après l'avoir déposé en lieu sûr, il lui fit ses adieux en ces termes : « Le vrai sang bosniaque coule dans les veines de Votre Grandeur, vous êtes bon cavalier et vous seriez bon spahis, mais vous ne serez pas évêque pour servir les Allemands au milieu de nous. » Barichitch ne revint plus et les franciscains se gouvernèrent d'après leurs anciens privilèges. Cependant l'évêque Strossmayer et les jésuites dont l'influence s'introduisit dans leurs couvents les firent dévier de la voie qui les avait conduits à la suprématie religieuse sur les Slaves méridionaux. A la mort de Philippe Pachalitch, ils se détournèrent du slavisme oriental pour passer à l'Occident, hostile au slavisme.

Les Bosniaques orthodoxes n'eurent jamais et n'ont sans doute pas maintenant de clergé politique individuel.

Ce clergé, après la restauration de l'ancienne nationalité serbe par Milosh Obrenovitch, ne s'unit pas à l'église serbe indépendante, ne lui tendit pas franchement et hardiment la main; il ne fraternisa pas non plus avec le clergé slave qui se trouvait à la tête d'une église nationale serbe; il ne sut pas non plus prendre la direction du peuple orthodoxe de Bosnie et d'Herzégovine.

Ce peuple slave humilié, oppressé d'un côté, surexcité de l'autre par ce qui se passait dans les contrées slaves ses voisines, acquit sans aucun secours ce fort esprit patriotique et guerrier qui le rendit apte à tous les sacrifices par sa liberté et son indépendance. On peut dire hardiment que les orthodoxes de Bosnie et d'Herzégovine sont sous ce rapport bien au-dessus des musulmans et plus encore des catholiques.

Ces belles et riches terres slaves en 1872 comptaient sept à huit cent mille orthodoxes, cinq à six cent mille musulmans, deux cent cinquante à trois cent mille catholiques; en tout, 1,450,000 à 1,700,000 âmes.

Dieu veuille les assister!

Les mœurs sont pures dans ce pays; on y trouve rarement de séducteurs et de femmes séduites. Les jeunes filles et même les femmes mariées, fussent-elles musulmanes, ont le visage découvert et jouissent d'une grande liberté; elles sont même coquettes dans l'acception innocente du mot, aimant à causer et à plaire. A toutes les réunions, à tous les divertissements publics, on peut voir les jeunes filles musulmanes causer avec les hommes qu'elles traitent en camarades. A peine mariées, leur genre de vie change tout à fait; elles vivent dans leur maison, se livrent aux occupations domestiques, soignent et élèvent leurs enfants et portent le yachmak (voile). Devenues épouses, elles sont aux ordres et au service de leur seigneur, tandis que, jeunes filles et ne dépendant de personne, elles s'amusent à leur gré.

En 1842, il y avait à Serayevo une fille noble, Fatma Becherevitch, célèbre par sa beauté, dont la renommée s'étendait dans tout le pays; elle était gaie, aimait les divertissements, la danse, le chant et la chasse. A l'arrivée des troupes d'Omer pacha, elle fit connaissance des officiers polonais qui en faisaient partie et se mit sur un pied de familiarité avec eux.

Les Bosniaques, accoutumés aux mœurs du pays, n'osèrent jamais dire un mot qui entachât sa bonne réputation ; mais les étrangers, les consuls surtout, ne se faisaient point faute de raconter des choses incroyables sur son compte. Elle cravacha publiquement le consul d'Autriche, arracha la décoration de la Légion d'honneur de la poitrine du consul de France, disant que c'étaient des châtiments mérités par les hommes qui calomniaient les femmes, surtout celles sur lesquelles ils n'avaient aucun droit. Les Bosniaques l'applaudirent et lui donnèrent le surnom de Delhi-Fatma (1), qu'elle conserva depuis.

Elle se maria, plus tard, au riche Osman Alay beyovitch, colonel de la cavalerie locale, qui possédait une dizaine de villages héréditaires et de grandes valeurs en bijoux, en argenterie et en pierreries. Il était le plus beau parmi les hommes comme elle était la plus belle parmi les femmes. Alay beyovitch était en relation d'amitié avec les Polonais de l'armée d'Omer pacha, surtout avec Antoine Ilinski, plus tard Iskinder pacha. Il l'invita à venir chasser sur ses terres; tandis qu'il parcourait le pays pour inviter d'autres hôtes, il lui donna une lettre pour sa femme et le pria d'attendre son retour. Iskinder connaissait déjà Delhi-Fatma. Se conformant à l'exemple de son chef Omer pacha, qui considérait comme le devoir d'un guerrier de faire la cour à toute jeune et jolie femme qu'il rencontrait, notre héros ne tarda pas à déclarer sa flamme à Fatma. Pour toute réponse, elle lui ordonna de se mettre au lit dans la chambre

(1) Delhi, folle.

destinée aux visiteurs, puis elle se présenta tenant d'une main un pistolet, de l'autre des entraves destinées aux chevaux et munies d'un cadenas. Elle lui ordonna de se garrotter lui-même, et de lui jeter la clef de ces chaînes d'un nouveau genre, le menaçant, en cas de résistance, de lui brûler la cervelle. Cette sommation fut faite d'un ton si solennel et si énergique, le regard qui l'accompagnait était si terrible qu'Iskinder, si brave sur le champ de bataille, eut véritablement peur. Il ferma le cadenas, en jeta la clef aux pieds de la vaillante Bosniaque, qui la ramassa et se retira. Trois jours, elle tint son malheureux adorateur au lit enfermé dans sa chambre; elle veillait à ce que rien ne lui manquât et venait en bonne maîtresse de maison s'en informer elle-même. Quand son mari revint, elle rendit à Iskinder la clef qui devait le délivrer; il se leva du lit, partit pour la chasse et ne revint plus; il ne voulut plus goûter de l'hospitalité d'Alaybeyovitch. Lui-même m'a raconté cette grotesque aventure, qui ne l'empêcha pas plus tard, devenu renégat, d'épouser deux femmes bosniaques. Plutôt que de les donner à des

Turcs, les Bosniaques préféraient marier leurs filles à des Polonais, disant : que le sang slave s'unisse au sang slave! Jamais je n'ai vu peuple aussi attaché à sa nationalité, la mettant au-dessus des biens et des dignités.

Mustafa pacha Pachitch, cousin du capitaine Hussein la Vipère, marié avec la descendante du célèbre Ahmed Sokolitch, refusa pour sa fille un vizir turc et préféra la donner à un pauvre bosniaque de noble race, Tchengitch aga, avec une dot de plusieurs millions.

Quand j'étais en garnison à Uskiup, à quelques milles des propriétés de Mustafa pacha Pachitch, il m'invita avec mes deux régiments slaves. La réception fut véritablement homérique; par le luxe qu'on y déploya, elle rappelait les merveilles des *Mille et une Nuits*. Ne pouvant plus marcher, Mustafa pacha se fit rouler dans un fauteuil au milieu des rangs; il pleurait d'attendrissement en entendant les commandements en langue slave. La hanoum, véritable matrone slave, nous hébergea, veillant à notre bien-être; elle répétait sans cesse : « Pourquoi Dieu ne m'a-t-il donné qu'une fille? pourquoi est-elle mariée? j'aurais eu tant de bonheur à l'unir à un de ces braves officiers! » Peu de temps après, Mustafa pacha mourut et les régiments slaves lui rendirent les honneurs funèbres.

OMER PACHA. — MICHEL LATATCH.

La vie publique et privée du célèbre Omer pacha, feld-maréchal des armées ottomanes, offre une série d'anecdotes qui se distinguent assez des faits ordinaires de la vie pour que je cède au désir d'en relater quelques-unes.

Né en Croatie, à Agram, de la famille noble mais pauvre des Latatch, il entra dans le régiment de frontières d'Otokar et servit jusqu'au grade de sergent. Pour une faute contre la discipline, il fut condamné à recevoir vingt-cinq coups de verge. Il nous raconta bien des fois cette opération, cause de sa fortune future; je la redis telle que je l'ai entendue.

« Le bataillon dans lequel je servais se ra-
« massa sur la place et se forma en carré, le
« front tourné vers le centre. Au milieu de ce
« carré on avait dressé une sorte de chevalet
« consistant en un solide banc en bois de chêne
« plus élevé d'un côté, plus bas de l'autre. La
« partie la plus haute était courbée comme le
« cou d'un cheval; la plus basse se divisait en

« deux parties formant comme deux jambes. « Pour rendre cet instrument de supplice plus « solide, on l'avait enfoncé d'une demi-archine « dans la terre.

« Au milieu du carré se tenait le major « commandant le bataillon, à côté de lui le « tambour et le fifre. Plus loin, le capitaine, « le lieutenant, le sous-lieutenant, l'aumônier « revêtu de son surplis, le bréviaire à la main, « le sacristain portant le saint ciboire, le pré- « vôt d'armes et deux sous-officiers mes col- « lègues, Croates comme moi, Popovitch et « Yovanovitch. Ceux-ci tenaient les verges de « bois de noisetier, longues de deux archines « et demie, grosses de cinq pouces. On m'a- « mena dans le carré, sous l'escorte de quatre « soldats armés de leurs carabines. Le prévôt, « après m'avoir demandé quels étaient mon « nom, ma religion, ma profession, lut l'arrêt « qui me condamnait, y ajoutant force cita- « tions sur les articles de la loi. La lecture dura « au moins dix minutes, car il lisait lentement « et en se répétant. On me fit confesser, je « reçus la communion, puis on me fit coucher « sur le chevalet, dont j'entourai la partie su-

« périeure de mes bras, tandis que j'écartai « mes jambes; on lia fortement mes membres « aux différentes pièces de bois au moyen de « cordes. Le major Schwartz, un gros Alle- « mand réjoui, sourit et dit: « Te voici devenu « cavalier, tiens-toi bien et en avant, vous au- « tres! »

« Les deux sergents-majors, placés de cha- « que côté de moi, levèrent leurs verges, le « fifre joua un petit air, les verges retombè- « rent sur mon corps, tandis que mes bour- « reaux criaient d'une seule voix: ein! (un). Le « tambour exécuta un roulement, le prévôt « relut l'arrêt, le major constata que les cordes « étaient en bon état, le fifre se fit entendre, « les verges me cinglèrent pour la seconde « fois, le tambour retentit, on relut l'arrêt, « on frappa le troisième coup et ainsi de suite « jusqu'au vingt-cinquième que je ne reçus « que trois heures après le premier. Pour « moi, ce fut un siècle de souffrance, de tor- « tures infernales; sur mon honneur croate, « je m'étais juré de ne pas pousser un gé- « missement, je serrai mes dents et me tus, « maudissant les Allemands et leur service.

« Quand le supplice fut terminé et qu'on « eût délié les cordes, je me dressai sur mes « pieds. Le major ouvrit de grands yeux; au « lieu d'ordonner: à l'hôpital ou au cimetière, « il dit d'un ton menaçant: Ame damnée de « de Croate, va-t'en au diable! et je partis non « pour la caserne, mais pour la frontière de « Bosnie. — Il m'a toujours semblé, ajoutait- « il, que Popovitch et Yovanovitch s'étaient « conduits en bons collègues à mon égard. »

Michel Latatch arriva à Touzli où les Bosniaques le reçurent en frère. Dans cette même ville, il se fit musulman, prit le nom d'Omer Lutfi et devint ibriktar (1) d'Adilé hanoum, veuve du puissant Viduitch, ami de Milosh Obrenovitch, protecteur des haïdoutes serbes. Il resta à son service jusqu'en 1827. La hanoum se montra maternelle pour lui; le hodja Seyfoullah lui apprit à lire et à écrire le turc et l'arabe, disant : « Cela te servira; qui sait quel sera ton destin et si tu ne deviendras pas un grand personnage? »

(1) Serviteur chargé de l'entretien des cafetières à café, des aiguières pour les ablutions.

La guerre avait éclaté entre la Turquie et la Russie; le hat impérial était arrivé, ordonnant aux Bosniaques de ceindre le sabre et de monter à cheval pour marcher vers le Danube. Omer pacha partit avec le contingent de Touzli. A Vidin Aga pacha le fit appeler et lui dit : « Tu étais sergent chez les Autrichiens, tu seras ingénieur chez nous. » Il lui enjoignit de fortifier Calafat de l'autre côté du fleuve. L'ordre fut exécuté; les Turcs furent satisfaits, car eux-mêmes n'eussent pas été capables d'en faire autant. Après la guerre, Omer fut envoyé à Constantinople, Husrew pacha l'attacha à sa personne; il remplit chez lui les mêmes fonctions que chez Adilé hanoum, ce qui était un grand avancement sans contredit; peut-être fut-il devenu tchamachyr-agassi (1) ou muhurdar (2), si le destin n'était venu l'arracher à cette position subalterne.

En 1831, le général King (Chrzanowski) fut appelé à Constantinople pour tracer le plan de la réorganisation de l'armée. Chez Husrew

(1) Chargé de la garde-robe.

(2) Garde-sceaux.

pacha qui lui avait offert l'hospitalité, il rencontra Omer, et les deux Slaves sympathisèrent ensemble. Sur la prière qu'en fit le général, Husrew pacha lui donna son ibriktar comme interprète, avec le rang de major dans l'armée. Ainsi commença la carrière militaire d'Omer Lutfi.

Après qu'on eut détruit les janissaires, qu'on eut fait descendre de leurs selles orientales les spahis et les akindis, cette cavalerie célèbre, commandée naguère par les Beylerbeys, pour les faire asseoir sur les selles franques, les selles de la civilisation, il n'y eut plus ni armée, ni officier; ce fut le chaos. Omer montra de suite de sérieuses et brillantes qualités militaires; il sut organiser et commander; la lecture et l'étude lui avaient fait apprendre ce qu'il ignorait. Sa posture imposante, sa taille élevée et souple, son adresse aux exercices du corps en faisaient un beau guerrier; son œil était perçant comme celui d'un aigle, il y avait en lui l'étoffe et l'apparence d'un héros.

Sous l'influence des réformes, l'âme guerrière de l'Empire ottoman s'était éveillée de nouveau ; des étrangers condottieri et aventuriers, toujours renégats, arrivaient de toutes parts offrir leurs services et leur épée au sultan comme jadis les Grecs Michaloglou et Evrenos, comme les Slaves musulmanisés, tels que les Sokoli, les Kiupruli, les Pehliwan, etc. Depuis l'époque glorieuse de la conquête, la race gouvernante-tatare, avisée et pratique, avait adopté comme base de son gouvernement que l'administration intérieure, la police et les finances ne seraient confiées qu'à des Turcs de naissance ; les musulmans de race différente furent autant que possible éloignés des emplois privilégiés. Dans l'armée et dans la diplomatie, on se servit de musulmans et de renégats ; dans la dernière, on admit même des chrétiens : tout le drogmanat en était composé. Ayant en main l'administration, les finances et la police, les conquérants possédaient les ressorts du pays. Ils récompensaient ceux qui prodiguaient leur vie et leur intelligence pour la gloire et le service de l'empire, de même qu'ils savaient les punir s'ils manquaient à leur tâche.

Les Turcs regardaient la diplomatie qui exige l'emploi de subterfuges, de ruses et doit souvent faire des concessions, comme incompatible avec leur dignité de vainqueurs et de maîtres; ils aimaient à se montrer, à parader, mais ne consentaient pas à s'humilier. Ces vieilles institutions avaient conduit à son apogée la puissance et la gloire de l'empire des sultans califes.

Les renégats arrivèrent de tous les côtés, Mehmed Rechid pacha, fils d'un pope georgien et avec lui ses compatriotes Heireddin, Sadoullah-Giozukli, Youssouf pacha, le softa Hidayet, colonel de l'armée russe, les frères Pulawski Ahmed et Mehmed bey, Suleyman bey (Julian Duhinski), Mourad bey, tatar de Crimée de la garde russe, Saïd Mirza pacha, tatar de Boudjak, échappé de prison où il avait été enfermé pour vol et fut placé à la tète de la cavalerie du sultan.

La vie militaire se ranima de nouveau; les réformes, dans leurs évolutions, suscitèrent des troubles, des révoltes, des guerres civiles; il fallut réprimer, vaincre, rétablir l'ordre, consolider la grandeur ébranlée de l'Empire, souder ensemble les parties disjointes par de violentes convulsions.

Cette période prouva que, quelle que soit la cohue dont se compose une armée lorsqu'elle a de bons officiers, elle est quand même une armée. Plus tard, beaucoup plus tard, le système d'Hussein Avni pacha prouva à son tour que les soldats les mieux exercés, les mieux disciplinés, les plus braves, commandés par des officiers médiocres et nuls, ne forment qu'une cohue, un troupeau prêt à la déroute.

Omer Lutfi, en guerroyant au Liban, devint colonel; au Kurdistan, liva pacha (général de brigade); à Bucarest, général de division; en Bosnie, maréchal; enfin, au commencement de la guerre de Crimée, il fut nommé serdar-ekrem, généralissime des troupes ottomanes.

Omer pacha possédait des qualités militaires très contestables; mais il s'entourait d'hommes éclairés possédant les connaissances qui lui manquaient. Il savait choisir et employer les hommes; il avait l'art de s'attacher ses troupes qui sentaient en lui un soldat et un chef. Au milieu du désordre sans nom de l'administration turque, en l'absence d'intendance, il avait le don merveilleux de pourvoir à l'entretien de son armée en exploitant toutes les ressources qui s'offraient à son génie. La stratégie de l'archiduc Charles était son catéchisme militaire, aussi savait-il admirablement conduire son armée sans l'exposer et sans la fatiguer. Il était prudent dans sa tactique, non par crainte, mais par calcul, pour ne pas aventurer son crédit et son honneur d'homme de guerre. Jamais il ne livra aucune bataille; il limitait son action à des marches, des contremarches et à de rares escarmouches. Il savait se servir des circonstances et employer la diplomatie à l'occasion. Comme il ne se laissait jamais guider par le hasard, le sultan et la Sublime Porte avaient pleine confiance en lui; ils étaient sûrs de l'intégrité de l'armée qui lui était confiée et des intérêts de l'empire qui reposaient sur lui; aussi fut-il hautement apprécié sous le règne du sultan Abdul Medjid et sous le grand vizirat de Rechid pacha.

Omer pacha connaissait tous les idiomes slaves, l'italien, l'allemand et le roumain; il parlait le français d'une façon originale mais compréhensible et pouvait même s'exprimer en anglais. Nous avons raconté comment, dès son arrivée, il avait eu occasion d'apprendre le persan, le turc et l'arabe; il lisait et écrivait correctement les langues orientales, degré de connaissance qu'il n'est pas donné à tout le monde d'atteindre.

Il était gai, aimait la bonne compagnie, savait se mettre à la portée de chacun, était accessible et bienveillant. Prompt, emporté parfois, il n'était nullement vindicatif. Il était vain, orgueilleux, fanfaron, plein de haute fantaisie et de jactance, aimant le clinquant, la flatterie et les parades jusqu'à l'enfantillage; c'était ridicule sans être jamais nuisible. Il craignait les étrangers, surtout ceux qui écrivaient dans les journaux; aussi cherchait-il toujours à leur être agréable et à les captiver. Il redoutait les Turcs, tout en les méprisant, quoiqu'il les servît. Il ne pouvait pas aimer les Allemands, ni le traitement qu'il avait subi étant à leur service; cependant, lorsqu'il en rencontrait un en uniforme, son premier mouvement était de présenter le front et de porter la main à son fez; il se reprenait aussitôt, avait honte de cette habitude d'autrefois et maltraitait souvent celui qui en avait provoqué le retour; il n'était pas maître de cette disposition nerveuse. Il ne se vantait pas tout haut de sa qualité de Slave; toutefois on sentait que le sang de cette race coulait dans ses veines. Il appréciait les Russes et les Polonais. Plus d'une fois je l'ai entendu dire: « Oh s'ils pouvaient se reconcilier, marcher ensemble la main dans la main, le monde slave verrait de beaux jours, car ce sont nos frères aînés. » En un mot Omer pacha n'était pas un homme ordinaire, il était droit et bon et l'on pouvait s'entendre et vivre avec lui.

Quand nous entrâmes à Bukarest en 1854, je remplissais les fonctions de général gouverneur de la ville, commandant l'armée turque qui s'y trouvait en garnison. Un jour Iskender pacha (Ilinski), qui était un grand original, vint me trouver dans un accoutrement des plus bizarres. Les pantalons étaient rouges avec des passepoils dorés, son gilet vert clair brodé d'or orné de boutons de cristal simulant les diamants, sa tunique saumon chamarrée d'argent. Il venait me prier de le conduire chez le serdar-ekrem où je devais me rendre avec des rapports importants. Je refusai, bien entendu, riant de sa hardiesse, et je partis seul. A peine avions-nous commencé à décacheter et à lire les rapports qui étaient très importants et qui exigeaient des réponses immédiates, que les portes s'ouvrirent et que Iskender pacha fit son entrée dans son costume de cirque.

Omer se leva précipitamment, l'œil étincelant, le visage rayonnant; il l'examina de tous les côtés, s'extasia sur le bon goût de ses habits et lui demanda avec sollicitude qui les avait faits. Comme si une idée lumineuse eût tout à coup surgi dans son cerveau, il appela ses serviteurs, pour qu'on lui apportât sa garde-robe; il y fit choix d'une collection d'habits bizarres et ordonna à ses aides de camp et à ses tchaouchs de venir. Papiers, rapports, informations, tout fut mis de côté pour le moment. Il fit seller les chevaux, se revêtit lui-même d'un habit de hussard rouge; chacun suivit son exemple, s'habillant à sa guise. Sur le désir qu'il manifesta, je fis venir quelques trompettes cosaques. Après m'avoir serré la main et donné les instructions pour expédier les affaires courantes, Omer pacha, à la tête de cette cavalcade composée d'une soixantaine de personnes dans les costumes les plus extravagants, se mit en marche à travers la ville, au son des trompettes qui les précédaient; il était à peu près onze heures du matin. J'examinai les papiers, pris selon leur teneur les dispositions nécessaires, visitai l'hôpital, les casernes, assistai à la séance du conseil municipal, à celle du conseil sanitaire; vers sept heures du soir, après avoir rempli tous les devoirs de mon service journalier, je me rendais à cheval par la rue Mogochoï au jardin public, quand j'entendis le son des trompettes et j'aperçus la cavalcade d'Omer pacha; lui-même, comme un jeune officier, faisait faire des voltes et des courbettes à son cheval. Iskender pacha triomphait; Omer pacha me dit: « J'ai produit un grand effet sur les Allemands; Coronini ne pouvait assez s'extasier sur la magnificence de mon cortège; les Valaques, les dames surtout, étaient émerveillées et criaient : hourrah, hourrah, bravo! Iskender pacha fut le héros du somptueux dîner qui suivit cette parade; il reçut des louanges et des remerciments.

En 1848, Omer acha, commandant l'armée

d'occupation que les Turcs avaient à Bukarest, se maria avec une personne qui avait jusque là rempli les fonctions de gouvernante dans quelques familles de boyards roumains ; elle était instruite, bien élevée, assez jolie et de bon caractère. Omer pacha l'appréciait beaucoup et, dans les premières années de leur mariage, lui fut sincèrement attaché.

Voulant la relever aux yeux du monde et affirmer d'une façon éclatante sa nouvelle position, il obtint, par l'entremise du grand vizir, la permission du sultan de la faire venir à Bukarest lors de la seconde occupation. Selon les préceptes de l'islam, aucune femme musulmane, aucune épouse de musulman ne peut voyager au delà des frontières de l'empire du padischah.

A cette époque, Éliadès, un des libéraux ou des républicains roumains fortement protégés par Omer pacha, publia un livre dans lequel il prouvait que le serdar-ekrem était de famille valaque, descendant des anciens légionnaires romains, d'un certain chef nommé Kwirina Latus ; qu'à ce titre, il avait plus de droit au trône roumain que les Ghika, les Stirbey et les Stourdza. Cette généalogie flatta Omer pacha et lui tourna un peu la tête.

A ce moment, il était justement question dans les journaux d'un baise-mains solennel qui avait eu lieu à la cour d'Angleterre au sujet de je ne sais quel anniversaire. A l'aide du colonel Simons, commissaire anglais auprès de notre armée, Omer pacha voulut organiser aussi un baise-mains dans le harem. On éleva une sorte de trône orné de draperies de velours pourpre et de drap d'or dans une grande salle communiquant avec une galerie vitrée; le parquet était recouvert de tapis de Perse. Des fauteuils, des chaises et des bancs avaient été rangés de chaque côté du trône; des lustres et des girandoles garnissaient le plafond et les murs de la salle; un magnifique piano en occupait un des angles. Outre Omer pacha, aucun homme n'avait le droit d'y entrer. Dans la galerie, des places avaient été reservées pour les commissaires militaires étrangers, les consuls, les boyards privilégiés et nous autres pachas et dignitaires de la Sublime Porte. Les vitres qui séparaient la galerie de la salle étaient recouvertes d'une gaze aussi transparente que les yachmaks des cadines de Constantinople.

A midi, madame Omer pacha fit son entrée dans le salon, entourée de quarante esclaves circassiennes et géorgiennes et de quelques négresses; elle était vêtue d'une robe de satin blanc ornée de versets du Coran brodés en or, de brillants et de pierres précieuses; à son cou était suspendue une double rangée de perles grosses comme des pois, fermées par une étoile en diamants; sur sa tête un diadème étincelait de mille feux; ses bras était emprisonnés dans de riches bracelets, ses souliers blancs étaient brodés d'or et de pierres précieuses; elle ne portait pas de gants, mais des bagues merveilleuses couvraient ses doigts. Les esclaves en costume oriental offraient aux yeux toute une gamme de couleurs vives et chatoyantes auxquelles s'entremêlaient l'or et l'argent. Leur tête était coiffée de fez surmontés d'aigrettes d'or et de plumes d'autruche, leurs pieds chaussés de babouches brodées. C'était en vérité un spectacle somptueux.

Omer pacha n'étant pas assez riche pour se permettre un tel luxe, la plupart de ces bijoux, de ces diamants avaient été empruntés pour la circonstance aux boyards, aux seigneurs d'au delà du Danube et même à Stamboul. Des aides de camp avaient franchi de vastes espaces au galop de leurs chevaux, comme pour porter des ordres sur le champ de bataille. C'était, en effet, une bataille qui allait se livrer. Derrière les esclaves vint le serdar-ekrem dans son costume de gala, la poitrine constellée de décorations et d'ordres ottomans et étrangers. Madame Omer pacha s'assit sur le trône; son époux comme devant le sultan, sans sabre, restait debout à côté d'elle. La cérémonie commença. Les princesses, les femmes de boyards se présentèrent les unes après les autres. Madame Omer daigna descendre quelques degrés, afin d'aller à la rencontre de certaines d'entre elles; pour d'autres elle se leva de son trône, tandis qu'elle s'inclinait seulement pour celles de moindre condition. Chacune de ces dames essaya de lui baiser la main; elle faisait semblant de s'en défendre; il y en eut qui portèrent à leurs lèvres le bas de sa robe, à la mode orientale. Pendant ce temps la musique de plusieurs régiments jouait alternativement. Quand la cérémonie de la présentation fut terminée, madame la feld-maréchale fit signe à toutes les dames de s'asseoir et l'on servit le café, les sorbets et les confitures. On n'offrit rien aux spectateurs de la galerie; nous dûmes nous contenter du spectacle qui nous était offert.

Quand tout semblait terminé, Omer pacha se leva, présenta le bras à sa femme et la conduisit au piano. Madame Omer, pianiste très distinguée, joua plusieurs morceaux et fut couverte d'applaudissements. Cette cérémonie blessa vivement l'amour-propre national des dames roumaines; elles, si fières et si hautaines, avaient dû baiser la main de celle qui baisait la leur quelques années auparavant, s'humilier à leur tour devant celle qu'elles avaient sans doute souvent humiliée jadis.

Ainsi se termina cette représentation quelque peu théâtrale, digne du goût et de l'imagination d'Omer pacha.

Quelques semaines plus tard, envoyé avec ma division pour occuper Ibraïla, je trouvai la ville en émoi. Trois jeunes Grecs, fils de riches marchands du pays, étaient entrés à l'hôtel avec quatre chiens d'arrêt qu'ils avaient nommés Omer, Raglan et Saint-Arnaud. Les Roumains n'aiment point les Grecs, les Juifs et les Bulgares plus travailleurs et plus avisés qu'eux en affaires, qui peu à peu accaparent les biens des Moldo-Valaques; aussi firent-ils grand bruit de cet enfantillage. Lorsque les Russes se retirèrent, ils firent arrêter les trois Grecs, les jetèrent en prison, firent un rapport à Omer pacha et au général autrichien Coronini, en dénaturant les faits de manière à les présenter comme un crime politique. Ils envoyèrent même monsieur Kalbouniano afin qu'il demandât qu'on punît de mort les délinquants comme cela se fait en temps de guerre. Tout cela s'était passé avant mon arrivée dans la ville. Je reçus du serdar l'ordre de procéder à une enquête sévère et minutieuse, de mettre les coupables en jugement et de les punir d'une façon exemplaire. Un colonel de son entourage m'écrivit en même temps une lettre privée dans laquelle il me donnait à entendre que ni Omer pacha, ni le général Coronini ne verraient d'un mauvais œil que je les traduisisse devant un conseil du guerre. Je fis comparaître devant moi les coupables ; c'étaient des enfants, des étudiants, que le bon sens et la justice ne permettaient pas de châtier autrement qu'à coups de verge et en les mettant au pain et à l'eau. J'ordonnai d'amener les chiens; c'étaient de fort belles bêtes. Après avoir adressé de vives remontrances aux jeunes gens incriminés, je les fis mettre en liberté et rendre à leurs parents. J'écrivis un rapport à mon chef dans lequel je lui dis que d'une bagatelle on avait fait une affaire d'État. Dans une lettre personnelle que je joignis au rapport, je me permis de lui conseiller de ne point se laisser entraîner dans de tels procès; non seulement c'était nous aliéner les habitants qui jusqu'à présent témoignaient beaucoup de bon vouloir, mais soulever l'opinion publique et les journalistes contre nous. Je touchai la corde sensible du serdar-skrem. J'envoyai le message et les quatre chiens par mon aide de camp, le major Mouha, Tatar de Lithuanie, homme adroit, sachant parler et doué de beaucoup d'esprit d'à-propos.

Quand mon envoyé se présenta à Bukarest, accompagné de ses quatre chiens, l'attention du généralissime se porta de suite sur ces derniers; il s'exclama, les admira comme il l'avait fait pour le costume bizarre d'Iskinder pacha.

Il était chasseur passionné, surtout pour la chasse aux oiseaux et au fusil; c'était justement le moment du passage des cailles et des bécasses.

Sans perdre de temps, Omer pacha prit avec lui le major Mouha, deux aides de camp et des fusils, les quatre chiens, et partit pour la chasse dans les environs de la ville. Les choses allèrent si bien qu'on rapporta une centaine de pièces de gibier. Sans changer de costume, Omer pacha se rendit au retour chez le général Coronini, lui offrit le gibier, loua beaucoup les chiens Omer, Raglan et Saint-Arnaud, ajoutant qu'ils honoraient le nom qu'on leur avait donné; « quant au quatrième, il vaut autant que les autres, ajouta-t-il; lorsque Votre Excellence se distinguera par quelque action d'éclat comme nous nous sommes distingués nous-même, ce qui j'espère arrivera bientôt, nous le nommerons Coronini en votre honneur. » Coronini se mordit les lèvres, sourit, ne répondit rien, car il n'avait, en effet, rien à répondre. Les trois Grecs ne furent point molestés et vivent peut-être encore; les chiens sont morts; Omer-Lutfi pacha n'est plus de ce monde, et moi-même je disparaîtrai bientôt à mon tour.

KIEL HASSAN PACHA.

Kiel Hassan pacha, descendant de l'ancienne et glorieuse famille des Caraman, était mouchir (maréchal) du temps de sultan Mahmoud et colonel sous le règne de sultan Sélim.

Étant commandant des Dardanelles, il reçut un jour une lettre de Stamboul, d'un de ses amis qui l'avertissait que les consuls avaient porté plainte contre lui, que les ambassadeurs avaient appuyé les réclamations de leurs agents auprès de la Porte à la suite de quoi la destitution de Hassan pacha avait été décidée ; la nouvelle officielle devait arriver d'un moment à l'autre. Hassan lut la missive, haussa les épaules « Je ne leur ai rien fait que je sache, dit-il, mais je leur jouerai un tour de ma façon. »

Il fit inviter les consuls à venir passer la soirée au conak; ceux-ci se présentèrent en uniforme, comme c'était la coutume alors. Kiel Hassan les reçut poliment, leur fit servir du café, des sorbets, des chibouques, puis il appela son kiaya (intendant), lui ordonna de lire à haute voix la lettre qu'il avait reçue de Stamboul. De crainte que ces messieurs ne comprissent pas le turc, il en fit faire la traduction par un interprète. « Vous vous êtes plaints de moi, dit le pacha, que vous ai-je fait? » Les consuls se troublèrent et ne surent que répondre. Le maître de la maison frappa dans ses mains, de nombreux serviteurs entrèrent dans le salon, tenant des verges à la main, et, selon les ordres qu'ils avaient reçus préalablement, administrèrent une vingtaine de coups à chacun des invités.

Le cas était fort grave et fit beaucoup de bruit dans son temps. Kiel Hassan pacha fut condamné à être dégradé, privé de ses titres et de ses décorations. Caraman servit pendant dix ans comme simple soldat dans l'île de Chypre; il servit dans la stricte acception du mot, portant les vêtements de soldat, mangeant et dormant avec ses nouveaux collègues. Lorsque éclata la guerre de Crimée, il fut réintégré dans son grade et nommé chef du premier corps d'armée.

C'était un homme de guerre, au cœur de

lion, d'une volonté inébranlable et inflexible. Quand il avait décidé qu'une chose devait se faire, elle se faisait envers et contre tous.

C'est lui qui, à Roustchouk, fit, sous le feu des canons russes, passer le Danube en caïque, à une partie de ses troupes pour occuper l'île de Ramadan. Les soldats qui débarquaient successivement étaient attaqués par l'ennemi qui les faisait reculer; l'alternative de vaincre ou de se noyer les faisait revenir à la charge et se battre avec un courage invincible; pendant ce temps les renforts arrivaient, c'est ainsi que Kiel-Hassan pacha, en perdant à peu près 2,000 hommes, délogea les Russes de l'île dont il s'empara. Ce brillant fait d'armes est digne d'attirer l'attention par les qualités qu'il révèle et qui ne sont point celles que l'on rencontre ordinairement chez les Turcs, temporiseurs par nature, patients et persévérants dans la défense qu'ils opposent à leurs ennemis, mais manquant de hardiesse et d'initiative.

Omer pacha ne fut pas content de voir son subordonné livrer des combats que lui, généralissime, mettait tant de soin à éviter. La désunion et la mésintelligence se mirent entre eux. Les officiers d'état-major de Kiel-Hassan avaient en lui une confiance aveugle; comme lui, ils n'aimaient point les étrangers, particulièrement les Anglais.

Deux jeunes officiers turcs nouvellement sortis de l'école eurent quelque démêlé avec l'agent anglais colonel Simons, qui leur donnait grossièrement des ordres et des admonestations, les jeunes gens répondirent en turc sur le même ton. Simons se plaignit au serdar-ekrem qui venait justement visiter les fortifications. Omer pacha irrité ordonna à ses tchaouchs de prendre les deux jeunes coupables sur leur dos et de leur donner une dizaine de coups de chibouque. Kiel-Hassan pacha qui était présent dit hardiment que l'on n'agissait point ainsi avec des officiers quand on en voulait avoir de bons. Le serdar qui sentait son tort garda le silence sur ce point, mais commença à reprocher à Hassan pacha le désordre qui régnait dans les hôpitaux de son corps d'armée. Celui-ci se défendit en disant que les médecins et les pharmaciens étaient presque tous étrangers et qu'il ne savait comment s'y prendre avec eux. « Il faut punir, répondit brièvement Omer pacha. — Comme punit Votre Altesse, reprit Hassan. — Oui, » dit le serdar.

Kiel-Hassan se rendit à l'hôpital, il ordonna à des tchaouchs de prendre le docteur anglais et son pharmacien sur leur dos, de leur administrer des coups de chibouque. On protesta vivement contre cette conduite, le scandale fut grand, le colonel Simons accourut furieux chez Kiel-Hassan pacha.

Celui-ci répondit froidement à tous ses reproches.

« Sur ta demande le serdar-ekrem a puni des officiers turcs, il m'a ordonné de punir de la même manière le médecin et le pharmacien de l'hôpital où l'on a, à ce qu'il paraît, signalé de graves désordres, je n'ai fait qu'obéir aux ordres de mon chef. »

Le serdar-ekrem dut arranger cette affaire et pour l'étouffer payer comme dommages et intérêts une somme assez forte aux Anglais victimes de la sourde animosité qui existait entre le serdar et Kiel-Hassan pacha.

LA JUMENT ET L'ÉTALON.

La guerre de Crimée, le traité combinant l'occupation de la Moldo-Valachie par les armées autrichiennes et turques semblaient avoir effacé de la mémoire d'Omer pacha les vingt-cinq coups de verges donnés jadis à Michel Latatch. Les étendards impériaux s'étaient inclinés devant le déserteur renégat. Cela ne suffisait-il pas à sa gloire et l'oubli n'aurait-il pas dû recouvrir les souvenirs du passé? — Omer pacha ne le pensait pas.

Abdul Medjid après la guerre de 1853 avait donné en viager à son généralissime de vastes propriétés dans les environs de la capitale, entre Kutchuk et Buyuk-Tchekmedjé. Quand il revint de son gouvernement de Bagdad il amena avec lui de magnifiques chevaux, entre autres un étalon et une jument du plus pur sang.

L'étalon était bai brûlé, admirable de formes, plein de feu, d'une intelligence presque humaine, un vrai roi du désert; la jument alezan sans le secours des lévriers ni des faucons atteignait les gazelles à la course dans les steppes de l'Arabie. Les Arabes à aucun prix ne se séparent de coursiers de cette valeur, il avait fallu sans doute tout le prestige et tout le pouvoir d'Omer pacha pour les acquérir.

La renommée de ces chevaux alla jusqu'à Vienne, l'empereur d'Autriche désira les avoir dans ses écuries. L'ambassadeur, baron de Prokesch Osten se rendit auprès du serdar-ekrem. Il était chargé de lui offrir le prix le plus élevé qu'il lui plairait de demander pourvu qu'il consentît à les céder. Le fier Croate répondit :

« Je ne vends pas mes chevaux, je les donne. »

Il déclara que si l'empereur daignait l'inviter à sa table à Vienne, et manger avec lui, il lui donnerait l'étalon, qu'en échange de la décoration autrichienne de l'ordre de Léopold, il se ferait un honneur et un plaisir d'offrir à Sa Majesté la jument alezan.

Voilà de quelle façon Omer pacha voulait effacer l'injure faite à Michel Latatch.

Après de longs pourparlers, les conditions

furent acceptées. Omer pacha partit pour la France, puis pour l'Angleterre. A son retour, il devait passer par Vienne.

Hamdi-Mahmoud pacha, Varsovien de naissance, fut chargé d'amener les chevaux à Vienne et de les y garder jusqu'à l'arrivée de leur propriétaire.

Les choses se passèrent comme l'avait demandé Omer si ce n'est qu'à la première audience l'empereur remit à son ancien sujet l'ordre de Léopold et que le second jour le serdar-ekrem ottoman, déjà décoré, eut l'insigne honneur de dîner avec son ex-souverain. Le repas fut très gai, l'empereur demanda à Omer pacha combien il avait de femmes. Omer répondit : « Quatre-vingt-dix-neuf en tout, si Dieu me permet d'arriver à la centaine, à ma mort j'aurai le droit de m'asseoir dans le paradis des houris, à la droite de Mahomet. »

Singulière histoire que celle de Michel Latatch, bien faite pour inspirer des réflexions philosophiques sur les jeux bizarres de la destinée.

MISSION DU PRINCE MENSTCHIKOFF ET POLICE SECRÈTE.

La mission du prince Menstchikoff éveilla les Turcs de leur sommeil ou plutôt de leur assoupissement politique et administratif. On commençait à se reposer en se félicitant d'avoir inauguré des réformes que prônaient les journaux d'Occident. Le séjour du prince à Constantinople convainquit le gouvernement turc que la Turquie ne possédait aucune police secrète, car on ne sut rien de ce qui se passait journellement à l'hôtel habité par le prince et au palais de l'ambassade de Russie. Lord Redcliffe, ambassadeur d'Angleterre se préoccupait beaucoup de cette lacune et mit tous ses soins à organiser ce service si essentiel, un des rouages les plus nécessaires de toute la machine gouvernementale.

On chercha un Turc musulman pour en faire le directeur et des Turcs subalternes pour agents. On ne put trouver parmi la population si nombreuse de Constantinople des gens qui voulussent se charger de ces fonctions; tous répondirent : « Le Coran et la droiture de notre caractère ne nous permettent pas de devenir des espions. Nous respectons la vie privée de giaours comme nous voulons qu'on respecte notre vie dans l'intérieur de nos harems. Qu'ils discourent à leur gré entre les quatre murs de leurs maisons, qu'ils tuent l'islam et même le calife à coups de langue peu importe, mais qu'ils franchissent le seuil de leurs demeures armés ne fût-ce que d'une baguette contre l'autorité nous y mettrons bon ordre. Nous n'avons pas le droit de dérober leurs secrets, nous aimerions mieux nous faire brigands sur les grandes routes, ce serait plus honorable. »

En effet, les anciens cavass (gendarmerie) même des temps des janissaires n'osaient point s'introduire clandestinement dans les maisons des chrétiens, s'ils y pénétraient c'était en brisant les portes et les fenêtres. Ces gardiens de la sécurité publique circulaient dans les rues, sur les places comme des vautours prêts à se jeter sur la proie qui s'offrait à eux.

On ne trouva donc point de Turc pour diriger la police secrète, on n'osa confier ces fonctions ni à un Arménien, ni à un Grec, ni à un Levantin ; les étrangers au service turc ne voulurent pas accepter cette responsabilité, enfin lord Redcliffe trouva un Corfiote qui avait servi dans la garde russe dont il avait été chassé, dit-on, pour escroquerie. Il faut ajouter qu'après la retraite de ce personnage il régna un long interrègne dans cette administration, les Turcs ayant refusé, pendant un certain temps, d'en prendre la succession.

Après l'installation de M. T... que l'on plaça de fait sous les ordres de l'ambassade d'Angleterre, le palais britannique était assiégé d'une foule de gens venant chercher des nouvelles. Ce fut alors que lord Redcliffe fut surnommé par l'opinion publique Kutchuk-Padischah (petit sultan) et il l'était bien en effet. Tous le craignaient et pliaient devant lui. Le seul Rechid pacha avait trouvé moyen de le diriger à son insu.

Il y avait alors à Constantinople un Grec du nom de R..., instruit, intelligent, possédant la confiance de Redcliffe, en quelque sorte son oracle politique.

Rechid pacha sut gagner ce Grec. Lorsqu'il voulait prendre quelques mesures qui ne s'accordaient pas avec les vues des autres ministres et même du monarque, mais dont il sentait la nécessité et la convenance pour le bien du pays et du trône il confiait ses projets à R... afin que celui-ci les exposât à lord Redcliffe comme émanant de lui.

L'ambassadeur tombait ordinairement dans le piège, grâce à son raisonnement serré et à son inflexible volonté il amenait toujours les Turcs à consentir à ce qu'il demandait. Il montait à cheval ou en voiture avec son inséparable drogman M. Pisani, se rendait chez Rechid-Pacha, à la Sublime Porte, quelquefois chez le sultan, il exposait son plan, pérorait, essayait de convaincre, criait, s'emportait, tempêtait. Rechid, afin de l'irriter et de l'enflammer davantage feignait de résister. Pisani, ce type des drogmans, par la façon un peu méprisante dont il traitait les Turcs, ajoutait son concours à celui de son chef; on finissait par céder. Lord Redcliffe triomphait et dans sa joie priait Rechid pacha de l'excuser s'il avait par son insistance emporté d'assaut son consentement. Celui-ci souriait, acceptait les excuses ajoutant courtoisement qu'il était impossible de résister à la logique et à l'expérience de lord Stradford. Et cette comédie se répétait sans cesse.

Les Anglais ne voulaient pas encore la guerre sérieusement; lord Redcliffe, malgré son mauvais vouloir pour la Russie non seulement ne la conseillait pas, mais en détournait les Turcs.

L'empereur Napoléon III, comme toujours indécis ne savait pas lui-même ce qu'il voulait et bouleversait tout sans avoir aucun plan pour réorganiser. Parmi les dignitaires turcs Réchid et Fuad seuls désiraient la guerre qui ferait entrer leur pays dans le concert politique des États européens; mais ils n'osaient se prononcer ouvertement.

La nation musulmane, surtout le clergé, la voulaient. Dans la classe éclairée les fonctionnaires civils la souhaitaient plus que les militaires. Deux beys en étaient les plus chauds partisans Nedjib efendi, Géorgien, et Refik bey. Le premier, très considéré dans le monde savant de la Turquie, était le confident de Mehmed-Ali, qui venait d'être nommé séraskier sur la demande de lord Redcliffe, afin que ce poste ne revînt pas à Riza pacha. Le second, directeur de la chancellerie du séraskiérat, était en même temps administrateur des biens de la sultane, femme de Mehmet-Ali; homme éclairé, il avait fait ses études à Padoue, où il avait passé de longues années. Ces deux beys par leurs bonnes relations influencèrent le seraskiérat, la cour du sultan lui-même. Leur position officielle, la confiance qu'ils avaient inspirée à Mehmet-Ali leur permettaient de le diriger à leur guise.

Ce pacha, de simple garçon menuisier, était devenu favori du sultan Mahmoud dont il épousa la fille; Laze d'origine, des environs de Batoum, il n'avait reçu aucune éducation; il s'était dégrossi en se frottant à l'entourage du sultan, si bien qu'il avait acquis de belles manières et une noblesse incontestable de langage; compagnon inséparable de Riza pacha, il s'était pénétré de son énergie et de son patriotisme; aux postes les plus élevés, il avait toujours paru à sa place; beau de visage, imposant, généreux, aimant le luxe et la prodigalité on eût dit qu'il était né grand seigneur.

Sa manière de voir et de comprendre les affaires d'État laissait beaucoup à désirer, ses jugements manquaient bien souvent de justesse et ses vues d'ensemble, mais il avait des suppléants qui le servaient fidèlement, honnêtement et sincèrement. Il savait s'attacher les hommes, il avait du cœur, ses qualités lui donnaient une vague ressemblance avec les héros romanesques de l'islam, les Salaeddin et les Malek-Adel.

On commença à imprimer et à répandre des proclamations excitant à la guerre, on les colla sur les murs des conaks des dignitaires qui y étaient opposés. Dans les mosquées, les imans par leurs discours cherchaient à montrer la nécessité d'une lutte et pendant ce temps A'ali pacha traitait à Vienne afin de l'empêcher.) Certains pachas militaires suspects de tiédeur et dont on connaissait la prudence excessive eurent les fenêtres de leurs demeures brisées et maculées de boue. L'agitation était extrême, on cassa les vitres chez Rechid pacha qui parvint à grand'peine à sortir de chez lui pour se rendre chez son fils. Lord Redcliffe avec sa famille et la colonie étrangère se réfugièrent sur les vaisseaux, on chauffa les machines et l'on se tint prêt à lever l'ancre comme pour le départ. Les autres ambassadeurs ne bougèrent point, aucun chrétien ne fut ni insulté, ni maltraité. Mehmed-Ali pendant ce temps siégeait au séraskiérat et riait de façon à étouffer les voix tumultueuses des softas rassemblés sur la place d'Ak-Serai. Rappelé à la nécessité du moment par Refik bey et ses autres conseillers, il ordonna d'arrêter les softas, de les enfermer dans les casernes, dans les prisons ou de les renvoyer dans leurs médressés. Mehmet-Ali se rendit au palais, rapporta au sultan que tout était fini, qu'outre l'armée il n'y avait personne sous les armes à Constantinople, il tranquillisa Rechid pacha, expliqua sa conduite et tout rentra dans l'ordre. Lord Redcliffe débarqua à son tour; furieux il se rendit au palais, le sultan le reçut, l'assura qu'il pouvait tranquillement retourner chez lui pour se reposer et se remettre de ses émotions. Dans les rues on se racontait l'aventure et l'on se disait que le petit sultan avait abdiqué, puisqu'il s'était sauvé tandis que le grand sultan était resté dans son palais et dans sa capitale. On chercha le chef de police M. T..., on ne le trouva pas. Tout retomba sur Heyreddin pacha qui depuis quelques jours occupait le poste de ministre de la police; on le livra comme une victime expiatoire à la vindicte du lord irrité.

Heyreddin, homme honnête, instruit, ingénieur distingué, employé intègre, n'avait aucune fortune. Après sa destitution il mit toute sa famille, qui était nombreuse dans des chars à bœufs et se rendit ainsi accompagné au palais d'Angleterre demandant un gîte et du pain. Cette scène se termina par l'exil de Heyreddin sur la demande qu'en fit le petit sultan au grand. Celui-ci n'abandonna pas son fidèle serviteur, il pourvut à ses besoins et lui donna le poste de gouverneur d'une des provinces de son empire.

UNE SPÉCULATION BIZARRE.

Les paroles de Kibrizli à Louis-Philippe sur les grisettes et les lorettes n'avaient point été perdues à ce qu'il paraît. Sous la seconde république, deux aventuriers, le marquis de Pingré, noble ruiné, et le major Sokolowski, émigré polonais, tous deux sans argent, à la recherche d'expédients pour s'en procurer, s'associèrent pour exploiter l'idée de Mehmed bey. Ils s'abouchèrent avec un juif Aksenfeld, émigré, jouissant des bonnes grâces de Rothschild; celui-ci les écouta, secoua la tête et dit : « Ce que les Juifs n'ont point fait un Français et un Polonais vont l'entreprendre; où en sont-ils arrivés? » Cependant (les juifs sont quelquefois audacieux) Aksenfeld avança de l'argent et ces deux messieurs partirent pour le midi de la France, pour Montpellier, pour Aix, pour Marseille, villes renommées pour la beauté et la coquetterie de leurs habitantes. Ils firent circuler des prospectus dans lesquels on faisait un brillant tableau de la vie orientale, du bien être, du luxe qui règnaient dans les harems, engageant les femmes ambitieuses et entreprenantes à partir pour le pays des Mille et une nuits afin d'y devenir les femmes des pachas et des beys qui désiraient se civiliser en épousant des Françaises. Dans l'espace de quelques jours ils recrutèrent quatre-vingts jeunes filles fraîches, jolies, légères et sans scrupule; ils les installèrent sur un bateau spécialement frété pour elles et l'on mit à la voile pour Constantinople.

A leur arrivée, ces entrepreneurs d'un nouveau genre louèrent à Tophané une grande maison dans laquelle, depuis un temps immémorial, les Circassiens vendaient leurs filles, leurs sœurs et quelquefois leurs mères; ils s'associèrent avec ces marchands de chair humaine, persuadèrent à leurs dupes, qu'en Turquie un mari n'épousait sa femme qu'après s'être assuré de la perfection de ses charmes. Les visiteurs affluèrent, les malheureuses furent emmenées par ceux qui les avaient choisies soi-disant pour procéder aux formalités du mariage. Elles crurent ou firent semblant de croire ce qu'on leur disait; après s'être tant avancées elles ne pouvaient plus reculer.

Dans l'espace de quelques jours elles furent toutes vendues, dispersées.

Le marquis de Pingré et son associé, sans perdre de temps, après avoir touché leur argent, partirent pour la Valachie où, par l'entremise d'Aksenfeld, ils achetèrent une forêt du gouvernement afin de l'exploiter.

Cependant, deux des femmes vendues parvinrent à s'échapper, et se rendirent tout droit à l'ambassade de France; elles ne parlèrent ni des diamants, ni des équipages qu'elles avaient reçus, mais des mauvais traitements dont les femmes du harem et les eunuques les avaient accablées, elles demandèrent justice et protection pour elles et pour les autres. L'ambassadeur, alors baron Adolphe de Bourqueney, homme qui joignait à une intelligence remarquable un cœur bon et sensible et un vif sentiment de la justice s'intéressa beaucoup à cette affaire. Il envoya une note à la Porte et des ordres au consulat français de Bucarest.

Malgré la réponse pleine d'humanité de la Porte, malgré le soulèvement général de l'opinion contre la conduite infâme du marquis de Pingré, les recherches actives faites dans tous les conaks, on ne retrouva aucune des victimes de cette odieuse spéculation.

Bien des années après, à Slivna, petite ville bulgare dans les Balkans, je rencontrai une vieille hanoum qui, m'entendant parler français vint à moi et m'adressa la parole dans cette langue avec un accent provençal assez prononcé. Étonné, car à cette époque aucune dame turque ne connaissait de langue étrangère, je lui demandai qui elle était. « Qui je suis, me répondit-elle, une Française de la pacotille du marquis de Pingré dont vous avez peut-être quelque souvenance; j'ai été vendue comme les autres. Ma bonne étoile m'a fait tomber entre les mains d'un brave homme, il m'a épousée, j'ai vécu dans l'aisance, je suis devenue mère de plusieurs enfants auxquels j'ai appris ma langue maternelle. Plus heureuse que si je fusse restée à Marseille, je sais au moins que je mourrai sous mon toit. J'ai su que la nuit qui suivit notre dispersion on cacha mes compagnes, dont le plus grand nombre fut expédié en province afin de dérouter les recherches de la police. Deux d'entre nous sont à Chumla, une autre à Roustchouk; je les ai rencontrées dans mes voyages, elles ont eu de la chance, elles sont comme moi, aujourd'hui, des grand'mères qui apprennent le français à leurs petits-enfants. »

La proposition de Kibrizli avait, comme on le voit, son côté pratique.

AVENTURES DE HAREM.

Aïché hanoum, femme de Muntaz effendi, s'était laissée séduire par les belles manières, la bonne grâce et les paroles trompeuses du docteur Paléologue. Son mari, artiste en calligraphie, renommé pour l'élégance de son style, occupait de hautes fonctions à la Sublime Porte ; dans la force de l'âge, il mangeait bien, buvait de même, aimait, après son travail, à se reposer dans un moelleux sofa, à sommeiller, à rêver en suivant les flocons de fumée qui s'échappaient de son chibouque ; il n'avait point le temps de s'occuper de sa femme ni de surveiller ses actions.

Elle était comme une houris dans le ciel de Mahomet, possédait tout à profusion, n'avait qu'à désirer pour obtenir. Quoiqu'elle aimât le docteur Paléologue et qu'elle fût jeune et inexpérimentée, elle ne voulait pas, à cause de son amour, être exilée de son délicieux paradis ; elle résolut d'aller consulter une de ses amies mariée à un fonctionnaire encore plus élevé en dignité que Muntaz effendi. A peine eut-elle entamé sa confidence que l'amie devint pâle comme une morte, puis rouge et, les yeux étincelants, lui demanda brusquement : « Quoi, est-il ton amant, lui? »

Sans attendre la réponse de la pauvre Aïché interdite et tremblante, elle sortit précipitamment de la chambre, se voila de son yachmak, revêtit son féredjé, se fit amener une voiture et se rendit chez le cheik ul islam. D'une voix agitée par la passion et la colère, elle s'accusa elle-même et madame Muntaz effendi d'avoir eu des rapports criminels avec un giaour. Le cheik ul islam essaya de la calmer par ses paroles paternelles, d'adoucir son ressentiment, tous ses efforts échouèrent; alors il envoya chercher son mari et Muntaz effendi. Il les mit au courant de la démarche de sa visiteuse. Les deux fonctionnaires promirent de faire tout leur possible pour chasser de la tête de leur femme ces dangereuses hallucinations. Quel que fût le secret que l'on eût gardé sur cette affaire, elle ne s'ébruita pas moins. Avant que le soleil fût couché elle avait fait le tour de la ville et, le lendemain, plusieurs hanoums jeunes et jolies, gagnées par l'exemple et surexcitées par la duplicité de Paléologue, vinrent à leur tour s'accuser devant le cheik ul Islam d'avoir eu aussi des relations coupables avec le volage et dangereux docteur. Que leur importait le soin de leur renommée. Puisqu'il n'est pas à moi seule, se disaient chacune d'elles, qu'il ne soit pas non plus aux autres.

Un tremblement de terre, la peste, une invasion des infidèles dans la capitale de l'islam n'auraient pas causé plus grand émoi dans les harems que cet événement extraordinaire et sans précédent. Les femmes couraient les unes chez les autres, celles que leur dignité retenait au logis envoyaient leurs esclaves et leurs clientes aux informations; les commentaires allaient leur train, toutes les têtes étaient bouleversées. Le grand vizir dut intervenir, il assembla un conseil dont le cheik ul islam fit partie. Paléologue était médecin de Rechid pacha, outre cela il possédait plusieurs places très avantageuses; appartenant même au service médical du sultan, il avait accès à tous les harems en un mot; il nageait dans l'abondance et les plaisirs. Par ordre de la Porte, il fut exilé à Smyrne où il ne vécut pas longtemps; il y fut secrètement empoisonné. Quelques-uns des maris trompés répudièrent leur femme; d'autres, plus indulgents et plus faciles, les gardèrent espérant que la leçon profiterait pour l'avenir. Muntaz effendi pardonna à Aïché hanoum et tout fut enseveli dans le mystère des harems.

Un dignitaire rédigea un mémoire qu'il remit au sultan dans lequel il proposait que les eunuques apprissent la médecine, afin d'éviter le renouvellement de pareil scandale, inévitable lorsqu'on introduit des giaours dans l'enceinte sacrée des familles musulmanes.

La femme d'Ibrahim pacha, fidèle peut-être à son mari, ne termina pas ses jours aussi heureusement que l'épouse infidèle de Muntaz effendi; ses actes, sa vie et sa fin furent émouvants et dramatiques. Le général de division Ibrahim pacha avait été élevé à l'étranger; ses connaissances, la facilité avec laquelle il parlait les langues étrangères l'avaient fait désigner pendant la guerre de Crimée pour occuper le poste de commandant de Constantinople et des troupes qui s'y trouvaient.

Étant encore colonel, il avait épousé en Thessalie la fille d'un bey de Fanar, petite forteresse sur la frontière de Grèce. C'était une brune, aux formes opulentes ; elle n'avait perdu aucun de ses charmes, à l'époque de sa vie dont il va être question, quoiqu'elle fût mère d'une fille de dix-sept ans et d'un fils de quinze ans. Sa bonne renommée n'avait subi aucune atteinte ; aucun bruit mal sonnant ne circulait sur son compte et n'était colporté de harem en harem comme c'est la coutume lorsqu'on donne prise à la médisance. Sa vie régulière n'offrait aucun côté mystérieux ; elle sortait pour faire ses emplettes, aller à la promenade, visiter ses amies comme chaque femme musulmane le fait ordinairement.

Son mari, à côté de toutes ses bonnes qualités, avait un grand défaut : chaque jour au coucher du soleil, en rentrant chez lui, il buvait du mastic en grande quantité et achevait de se griser dans la soirée au point de tomber ivre-mort. L'empire que sa femme avait sur lui n'alla point cependant jusqu'à vaincre cette détestable habitude; le dégoût qu'éprouvait Muniré hanoum allait s'augmentant chaque jour; il arriva à un tel point que le désir de se débarrasser de son mari devint une obsession à laquelle elle ne sut pas résister. Ibrahim pacha refusa toujours de consentir au divorce qu'elle sollicitait ; elle résolut alors de recourir au crime. Elle fit appeler un ancien serviteur grec qu'elle avait amené de Thessalie avec elle, qui, enrichi par ses bienfaits, avait monté une boutique et s'y livrait au commerce ; elle savait que Dimitri lui était dévoué et serait un instrument docile entre ses mains. Cette femme impérieuse et énergique, pour s'assurer plus sûrement de sa vengeance, y associa ses enfants sur lesquels elle exerçait l'influence que prennent les esprits résolus sur des êtres timides, que la vie n'a pas encore formés.

Une nuit, après avoir, sous divers prétextes, éloigné ses suivantes, elle fit venir Dimitri, l'introduisit elle-même dans le harem. Le pacha était plongé dans l'ivresse; elle s'assit sur son ventre, fit tenir la tête par sa fille, les pieds par son fils et ordonna à son complice de lui couper la gorge. Ibrahim pacha ne se réveilla même pas.

Le lendemain à l'aube du jour elle se rendit chez le cheik ul islam; sans violence, sans émotion, elle lui raconta ce qu'elle avait fait. Fidèle mulsumane, elle ne pouvait pas, disait-elle, tolérer que son mari transgressât journellement les lois du Coran en se livrant à la boisson d'une manière bestiale; longtemps elle avait subi cette honte quotidienne; à toutes ses sollicitations pour obtenir le divorce, il avait répondu par des refus; la mesure à la fin s'était comblée. Il n'y eut besoin ni d'enquête, ni d'interrogatoire puisqu'elle avait tout avoué. On la mit en prison ainsi que son serviteur et ses enfants. Le tribunal condamna Muniré hanoum à être pendue, son complice à être décapité, son fils et sa fille à un exil perpétuel à Saint-Jean-d'Acre. Le cheik ul islam ne voulut pas donner son fetva, soutenant qu'il irait à l'encontre des préceptes du Coran puisque l'accusée avait agi en bonne musulmane selon les lois du chériat. Cette décision du chef religieux de l'islam terrifia toute la société musulmane, principalement les hauts dignitaires. Ceux-ci s'adressèrent au sultan, le priant de permettre que les coupables fussent punis selon le Tanzimat. Le sultan fit droit à leur demande; la sentence fut exécutée telle qu'elle avait été rendue.

Muniré hanoum, après avoir été étouffée dans sa prison, fut pendue à une potence dressée près du nouveau pont à Stamboul; à ses pieds on décapita l'assassin, puis on coucha son cadavre et l'on mit sa tête entre ses jambes. Les enfants enchaînés furent amenés en face du gibet; on les laissa là près d'une demi-heure devant le corps de leur mère; le vent qui soulevait parfois son voile laissait voir ses joues pâles sur lesquelles tranchaient vivement ses sourcils noirs et ses longs cils; ses traits portaient encore l'empreinte d'une sombre résolution.

Une foule immense ne cessa de se presser autour des suppliciés; les enfants faisaient pitié, ils pleuraient à sanglots, les malheureux! Ils n'avaient cédé qu'à la crainte effroyable qu'ils avaient de leur terrible mère. Le peuple attendri pleurait sur ces misérables orphelins priant Dieu d'avoir pitié d'eux, et Dieu les écouta, car ils moururent dans l'année.

Ainsi se termina ce drame qui fit grand bruit dans son temps.

Le conak d'Ibrahim pacha fut abandonné, personne n'y voulut demeurer, on le regarda comme maudit; à la fin on le démolit, mais on ne reconstruisit rien sur ses ruines; elles aussi sont maudites.

Longtemps on s'occupa de la terrible Muniré hanoum et de ses pauvres enfants; mais on ne découvrit aucun autre mobile du crime que celui qu'elle avait avoué. On parla, on raconta, on fit une légende; puis le silence et l'oubli se firent autour de ce drame comme il se fait autour de toutes choses en ce monde.

AKSAK, DERNIER DROGMAN DE LA DERNIÈRE LÉGATION POLONAISE.

Le vieil Aksak, frère consanguin du sénateur Ilinski, fut le dernier drogman de la dernière légation polonaise représentée par Potocki. Après tous les partages de la Pologne, il resta à Constantinople, loua au coin de la rue où résidait jadis sa légation une petite chambre et y déposa ses archives. L'été il habitait Orta-Keui où son ambassade habitait jadis durant la belle saison. Il ne voulut jamais renoncer aux fonctions qui lui avaient été confiées par le roi et par la république; il leur fut fidèle *usque ad finem*, jusqu'à la mort. Chaque matin, de Péra ou d'Orta-Keui, il se rendait à l'église de Sainte-Marie où se trouvait le tableau de la Vierge de Czenstochowa, patronne du royaume de Pologne. Après la messe, il se rendait à la Porte et s'asseyait dans le salon destiné aux drogmans jusqu'à la fermeture de bureaux, puis revenait à son logis. Tout le monde le connaissait et respectait son touchant entêtement à persévérer dans un service qui n'avait plus de raison d'être; on lui offrait toujours le chibouque et le café. Il y avait un vieillard musulman ayant appartenu à la 3e orta des janissaires, préposé jadis à la garde de la légation polonaise; il vendait du salep sur les marches du palais de la Porte. En souvenir du passé, il continuait à servir Aksak, lui retirait ses galoches, soulevait les portières devant lui et le reconduisait. Les Turcs disaient en branlant la tête : « Voilà un fantôme de cavass qui remplit ses devoirs auprès d'un fantôme de drogman d'une ambassade morte. »

Aksak était sain de corps et d'esprit; il avait parfois des aperçus fort originaux sur les hommes et les choses de cette époque.

En 1843, quand Topal-Mehmed pacha fut nommé grand vizir et se mit à remplir ses fonctions à sa manière, Aksak aimait à répéter : « D'une période révolutionnaire civilisatrice, fertile en tours d'escamotage, nous passons à une réminiscence des temps du calife Haroun-al-Raschid. » Il divisait la réforme en deux époques, celle de Barachin et celle du califat.

Barachin était un Français de Paris, docteur en droit ou en médecine, aveugle partisan des principes de la révolution française, louant tout ce qu'elle avait produit. Il parlait, discutait, critiquait, voulait tout mettre sens dessus dessous, grâces à Dieu, sans le secours de la guillotine et de la potence, mais à l'aide de comités, de mémoires et de réformes.

Je ne sais de quelle façon il s'introduisit auprès de Rechid pacha, alors ambassadeur de la Porte auprès de Louis philippe et capta ses bonnes grâces. Rechid était un homme d'État sérieux, remarquable à plus d'un titre. On ne peut s'expliquer cette fantaisie qu'en la comparant à celle de certaines femmes du grand monde, femmes de cœur et d'esprit qui s'éprennent d'un homme médiocre et veulent, de bonne foi, le faire passer pour un phénix. Quoi qu'il en soit, Rechid pacha, appelé au grand vizirat, à l'occasion de la solennité de Gulhané, emmena avec lui Barachin avec un bataillon de docteurs, d'avocats, de bacheliers ès-sciences et ès-arts. La plupart de ces aventuriers avaient été recrutés dans les bureaux du journalisme et dans les rues de Paris où ils faisaient de la politique gratis, tandis qu'en Turquie on les payait bien et on les employait à élaborer les réformes. Ce bruyant groupe de civilisateurs était fertile en expédients et en inventions bizarres. A leur arrivée à Constantinople, ces messieurs se formèrent immédiatement en grand comité du salut public turc avec des sous-comités correspondants aux différents ministères. Il y eut un comité du contrôle sous la présidence du docteur Barachin lui-même. C'était, sur le papier, un gouvernement complet de la réforme. Les sessions, les séances extraordinaires, les discours allèrent leur train, on en vint à des querelles ; heureusement on était au fond d'humeur pacifique; on tenait trop à la vie pour l'exposer inutilement. Le comité de la guerre voulait que l'on armât, celui des finances s'y opposait à cause des dépenses; le comité de la marine voulait une flotte puissante, celui de la diplomatie, pour épargner le trésor, aurait voulu y suppléer par des notes; le comité de l'instruction publique voulait introduire des écoles, celui des travaux publics prétendait que le peuple cesserait d'être sain et fort. C'était une vraie chambre des députés. On raconte que la première année de leur séjour à Constantinople ils écrivirent trois mémoires.

Le premier traitait des dauphins, ces grands poissons que les Turcs appellent yonouz-balyk, qui parcourent en troupes les eaux du Bosphore, passent à côté des caïques sans qu'on n'ait jamais entendu parler d'accidents provoqués par eux. Il n'était pas permis de les tuer. Les anciens sultans qui les voyaient s'ébattre sous les fenêtres de leur palais leur avaient accordé un firman de sécurité. Ces messieurs demandèrent qu'on en autorisât la pêche qui donnerait des produits considérables au trésor, l'huile de dauphin pouvant rivaliser avec celle des baleines et des veaux marins.

Le second mémoire concernait les oiseaux aquatiques dont les bandes volent incessamment au-dessus du Bosphore, trempant leurs blanches ailes dans ses eaux et se reposant sur les toits des palais. La protection impériale avait toujours couvert ces innocents animaux; on ne les effrayait point, on ne les tuait point. Ces messieurs prétendirent qu'on en devait autoriser la chasse à cause des revenus que l'on pourrait tirer de leur duvet qui ferait concurrence à l'édredon.

Le troisième mémoire avait rapport aux chiens errants de Constantinople et de toutes les villes de la Turquie. On proposait de les amener à une île déserte de la mer de Marmara appelée Tauchan adassy et d'établir là un abattoir, on affirmait que l'on tirerait un parti très avantageux de leur peau, de leur graisse et que leur chair jetée à la mer servirait à nourrir les dauphins et les albatros.

Ces mémoires furent présentés au sultan qui en rit beaucoup, et répondit qu'il était par droit d'héritage protecteur des dauphins et des oiseaux et ne les abandonnerait pas aux spéculateurs, qu'il permettait toutefois de faire des expériences sur les chiens.

En conséquence, on amena quelques centaines de chiens à l'île en question. A peine débarqués, ils se dispersèrent ; on les ramassa difficilement en leur offrant des entrailles, des pieds et des têtes de moutons. Quand on voulut procéder, au massacre, les mesures n'avaient sans doute pas été bien prises, car les pauvres animaux se jetèrent sur leurs bourreaux et même sur les membres du comité qui avaient voulu assister à ce premier essai. L'insuccès refroidit leur zèle; tout confus, ils débarquèrent à Galata, et s'en allaient disant que dans ce pays tout était barbare, qu'il n'y avait rien à faire pour tirer parti de ses ressources et de ses richesses.

Ces messieurs, par leurs inventions bizarres, leur turbulence, leurs extravagances se couvrirent de ridicule aux yeux des Turcs et des chrétiens. Leur conduite ne laissait pas que de nuire au prestige qu'exerçait Rechid pacha sur ses compatriotes et sur les étrangers. Le sultan rit d'abord de cette comédie; il eut fini par se fâcher sérieusement s'il n'avait pas eu autant d'égards et de considération pour Rechid pacha. L'ambassadeur de France quoique ami du grand vizir ne put ou ne voulut pas l'aider à se débarrasser de ces charlatans de la civilisation. Cependant l'aventure désastreuse qu'ils avaient eue avec les chiens amena leur retraite; on résilia leurs contrats, on leur donna des gratifications et tous ces réformateurs, Barachin en tête partirent pour la France; il n'en resta que quelques-uns en Turquie.

RETOUR AU PASSÉ.

La foule ou plutôt la tourbe des civilisateurs d'Occident aux diverses nationalités, courant à une nouvelle croisade contre l'Orient elle se plaça sous les drapeaux de la réforme. elle s'en fit le champion passionné, mais avant tout, se montra avide de gain, d'honneurs et de pouvoirs.

Dans le mystère des harems, il se commettait autrefois des crimes, il se nouait des intrigues, il y avait un fonds de duplicité et de fausseté, héritage des Byzantins qui avaient infesté leurs vainqueurs de leurs vices. Les cordons de soie, les tasses de café empoisonné, le glaive du bourreau, les sacs lestés de pierres et destinés à contenir les femmes que l'on noyait dans le Bosphore étaient des moyens dont on se servait souvent dans les cercles officiels. La force de l'exemple avait fait passer ces usages barbares dans la vie privée.

Les gardiens de la sécurité publique, les exécuteurs du pouvoir, la force armée de l'islam, les janissaires, les bostandjis, les serdars, les agas maltraitaient le peuple, le rançonnaient, l'assassinaient du droit du plus fort. C'était le code de la conquête qui était en vigueur. On ne plaisantait pas avec l'opposition, on la tranchait d'un coup, en abattant les têtes. Mais dans les rues, dans les boutiques, dans les bazars, dans les cafés, il n'y avait ni fraude, ni tromperie. Les poids et les mesures étaient justes, les produits à bon marché et de bonne qualité; on pouvait bien boire et bien manger, le peuple avait le nécessaire, quant au reste, c'était l'affaire du kysmet (1).

Avec les réformes et l'affluence des civilisateurs tout changea. Après la promulgation du hat de Gulhané les chrétiens relevèrent la tête. Le Tanzimat les avait fait les égaux des musulmans, sujets au même titre du sultan. Par leur fourberie, les Grecs, les Arméniens, et les juifs répondirent aux coups de sabre, de poignard, et de bâton des musulmans et cela impunément car les étrangers, les réformes à la main, regardaient et se réjouissaient en disant

(1) Destin.

dans leurs comités : Comme ces peuples ont vite mûri, ils comprennent et savent défendre leurs droits. Seuls les Slaves restèrent ce qu'ils avaient toujours été.

L'honnêteté, la droiture qui présidaient au petit et au grand commerce furent révolutionnés. C'est en vain que le peuple réclama les bons poids, les bonnes mesures, les aliments sains d'autrefois; les filous, forts de l'appui qu'on leur prêtait répondaient : « Vous avez des yeux pour voir, des oreilles pour entendre, un palais pour goûter, tenez-vous sur vos gardes, n'achetez pas ce qui ne vous paraît pas bon; il faut que tout le monde vive. »

La Porte et le sultan lui-même, furent effrayés de cette crise, rien n'étant plus à redouter pour un gouvernement que d'avoir affaire à un peuple affamé qu'exploitent des fripons.

Réchid pacha ne se sentit pas la force d'enrayer le mal et se retira. Riza pacha quoiqu'il disposât de l'armée hésita à accepter la succession, et conseilla de nommer Sadrazam Topallzet-Mehmed pacha.

Dans sa première jeunesse il avait servi dans l'armée. A Varna, à Chumla, il avait commandé la cavalerie. A l'époque dont nous parlons il était chef de l'armée de Bagdad et de toute l'Arabie. Il était boiteux comme Husrew pacha et avait pour imebréhor (écuyer, chef d'écuries) un Polonais.

Il ne s'était distingué ni par ses actions militaires, ni par son administration, mais voici sur lui une anecdote véridique qui circulait parmi les musulmans et parmi les chrétiens de Constantinople.

Izet-Mehmed pacha était grand amateur de chevaux; les juments et les étalons les plus beaux, les plus vaillants, de pur sang arabe peuplaient ses écuries, il en avait plus de trois cents.

Quand il demeurait dans les conaks, il passait des journées entières dans ses écuries. Quand il était au camp, près de sa tente, ses coursiers étaient attachés en longues files à des piquets.

Une fois, c'était au camp près de Damas, arrive un Arabe tout poudreux, les vêtements en lambeaux, monté sur une jument grise, maigre et couverte de poussière. Malgré l'opposition des serviteurs du pacha, le cavalier et sa monture ne s'arrêtèrent qu'auprès de sa tente. Celui-ci qui avait tout vu ordonna qu'on ne les inquiétât pas. L'Arabe descendit de cheval, au lieu d'aller saluer le pacha, il laissa sa jument en liberté et lui-même s'avança lentement entre les rangs des chevaux, les regarda avec attention. Quand il eut achevé son examen, il se présenta devant Izet pacha, baisa le bas de son vêtement et lui dit : « Tu n'as pas un seul étalon, ni une seule jument qui soient dignes d'être montés par un guerrier bedouin. »

Le pacha rougit et se leva précipitamment. « Comment cela, que dis-tu? » s'écria-t-il.

L'Arabe continua tranquillement : « Vois-tu cette jument grise, pas un de tes trois cents chevaux n'est en état de la dépasser, ni même de l'atteindre. Elle est fatiguée, cependant je suis prêt à la mettre à l'épreuve. Choisis combien tu voudras de tes chevaux, je parie qu'aucun ne pourra rivaliser avec elle. Si l'un d'eux la gagne à la course ou la dépasse prends-la, elle est ma fille, ma femme, ma mère, mon tout, fais-en ce que tu veux, tue-la, car à quoi bon survivre à sa défaite.

— Et si elle les devance, tu prendras mes chevaux, » dit Izet pacha.

L'Arabe secoua la tête. « Non, à quoi me serviraient-ils? Je suis venu du fond du désert pour voir ce que sont tes chevaux et te montrer ce que vaut une jument arabe.

On choisit trente chevaux parmi les trois cents, les meilleurs cavaliers de l'armée les montèrent, on les plaça sur une même ligne, l'Arabe au milieu. A un signal donné les trente et un coursiers partirent comme un ouragan et se lancèrent dans la steppe.

La jument grise d'un premier bond sortit des rangs, elle court, elle vole, la ligne est rompue, beaucoup de concurrents restent en arrière. Autant que l'œil pouvait la suivre, on voyait la vaillante bête onduler sur le sable du désert, loin, bien loin des autres; enfin elle disparut.

Elle revint vive, fraîche, hennissante. Le pacha la saisit par la bride. « Elle est à moi, combien en veux-tu?

— Mille bourses d'or.

— Je te les donne. Prenez la jument, dit le pacha à ses écuyers.

— Ce n'est pas tout encore, reprit l'Arabe, je veux qu'elle te montre ce qu'elle sait faire.

— C'est bien, répondit le pacha.

— Fais-moi compter l'or devant Efa (1), (ainsi s'appelait la jument), qu'on en remplisse mon sac et qu'on l'attache à la selle. Que tous tes écuyers montent à cheval et forment autour de nous un cercle assez étroit pour qu'un serpent ne puisse s'y glisser et qu'ils tirent à poudre sur moi, tu verras ce qu'elle fera. »

On suivit les instructions de l'Arabe, les écuyers, le pacha lui-même, son imebréhor Porczynski se mirent à cheval et formèrent un grand rond. On tira, l'Arabe se laissa tomber à terre comme mort; Efa s'agenouilla, le caressa de ses naseaux, de sa langue, enfin saisit ses vêtements avec ses dents et le traîna quelques pas plus loin, de nouveau, elle le caressa et le tira jusqu'à ce qu'elle fût arrivée à la place qu'occupait le pacha.

En un clin d'œil l'Arabe se mit en selle; la jument, d'un bond rompit le cercle, renversa le pacha, son imebréhor et comme une flèche

(1) Veut dire reptile.

s'élança dans l'espace. Les cavaliers se mirent à sa poursuite, ils tirèrent avec des balles cette fois. L'Arabe, l'or, Efa ne furent bientôt plus qu'un point noir à l'horizon, on les perdit de vue sans que personne ait pu atteindre les fugitifs.

Les gens du pacha rirent sous cape de ce tour arabe. Izet pacha gardait le silence, mais semblait si absorbé, si soucieux que l'on n'osait lever les yeux sur lui.

Les jours, les semaines, puis les mois se passèrent et l'Arabe ne revint pas.

Au commencement de l'hiver au conak du pacha à Damas, on fut bien surpris de voir arriver un Arabe monté sur un chameau et conduisant Efa par la bride.

L'Arabe tomba aux genoux du pacha.

« Aman, aman, s'écria-t-il, pardonne-moi. De Damas à Bagdad la course est longue, la steppe est comme l'Océan, on avait vu mon or, Efa seule pouvait porter sûrement ma vie et ma fortune. Je suis arrivé sain et sauf dans mon pays, j'ai acheté une maison et un jardin, j'y ai installé ma famille, j'y retournerai pour louer Dieu, te bénir et mourir en paix. Je te laisse ma bienfaitrice, ma bien aimée, mon enfant. » Il l'embrassa, la caressa et pleura puis ils se séparèrent.

Izet pacha amena la précieuse jument à Constantinople, je l'ai vue souvent et Porezynski plus tard Mehmed aga, lieutenant dans l'armée turque, m'a raconté son histoire avec tous ces détails.

La grise Efa avait rendu célèbre le nom du pacha boiteux parmi les musulmans.

Après le traité d'Unkiar-Skelessi, le sultan Mahmoud ordonna de ramasser tous les prisonniers, tous les déserteurs de l'armée russe pris par les Tcherkess et vendus aux Turcs comme esclaves.

Izet pacha fut chargé de faire les recherches nécessaires et de conduire ces négociations à bonne fin. On en réunit un grand nombre à Trébizonde et à Sinope; Izet pacha s'arrangea de façon que lorsque le commissaire russe fit l'enquête quelques-uns seulement avouèrent se nommer Ivan, Paul ou Pierre, le reste se trouva être des Mehmed, des Ahmet, des Osman qui, en vertu des vieux traités, une fois déclarés musulmans échappaient à leurs anciennes autorités. C'est ainsi qu'il acquit la réputation d'un patriote et d'un diplomate.

A Bagdad, à l'époque de son administration, il s'était sans doute remémoré les souvenirs attachés aux anciens califes de l'islam, dont il avait entendu raconter les traditions; il lui sembla qu'il convenait mieux à l'empire ottoman de se rattacher au passé que de se lancer dans la voie aventureuse et incertaine des réformes.

Nommé sadrazam, il agit en conséquence et l'on raconte des choses étranges sur sa manière d'administrer l'empire et de rendre la justice. Sa première ordonnance enjoignit aux rayas chrétiens et juifs, sujets du sultan, d'attacher à leurs fez une pièce d'étoffe noire ayant la forme d'une sangsue, menaçant ceux qui ne s'y conformeraient pas d'une sévère punition.

Izet pacha voulant marcher aveuglément sur les traces des califes revêtait tantôt un costume, tantôt un autre et se promenait dans les rues de la capitale, dans les campagnes environnantes à pied, à cheval ou à âne. Les gens de sa suite aussi déguisés venaient à quelque distance deux à deux ou isolément, dans les rues latérales ou parallèles, mais toujours de manière à pouvoir accourir à son premier appel.

Un jour qu'habillé en derviche il suivait lentement au pas de sa mule une rue de Stamboul, il se trouva nez à nez avec un jeune et riche Arménien, arrivé récemment de France où il avait fait son éducation. Le jeune homme était monté sur un beau cheval, superbement harnaché, accompagné de plusieurs serviteurs à pied et à cheval comme s'il eut été un bey ou un pacha; il bousculait les gens, en paradant sur sa monture, mais il n'avait point de languette noire à son fez. Le derviche le salua humblement et lui dit en portant la main à sa poitrine et à son front : Salem aleykim (1). L'Arménien lui rendit son salut en répondant Aleykim selam. Le derviche siffla, des hommes accoururent, entourèrent l'Arménien et sa suite. Le sadrazam lui demanda depuis quand il était devenu musulman; à sa réponse embarrassée il reprit : « Pourquoi ne portes-tu pas le morceau

(1) Lorsqu'un musulman en rencontre un autre il le salue de ces mots qu'il n'emploie jamais envers un chrétien.

d'étoffe noire prescrit par les ordonnances! » Séance tenante le pauvre raya reçut des coups de bâton sur ses habits de Paris pour lui apprendre à avoir voulu jouer au bey et son fez fut immédiatement orné du signe distinctif des chrétiens, il paya fort cher ceux qui prirent la peine de le coudre, puis il fut remis en liberté. La nouvelle de cette exécution circula bientôt dans la ville et tous ceux qui ne s'étaient pas jusqu'alors conformés à l'ordonnance du grand vizir se hâtèrent de le faire.

Toujours travesti Izet pacha allait de boutique en boutique vérifier les poids et les mesures. Lorsque le marchand était pris en faute, on le clouait par l'oreille à la devanture de son magasin de façon que le moindre mouvement lui causait des douleurs atroces. Dans les marchés, dans les bazars, les vendeurs d'aliments falsifiés étaient réduits à les manger eux-mêmes, sous la menace du bâton; ces ingestions forcées amenèrent souvent des catastrophes.

Un jour, déguisé en mendiant, Izet pacha entra dans un magasin de confiserie turque où l'on vendait de l'ekmek Rataif, pâtisserie favorite des Orientaux fort indigeste quand elle n'est pas bien préparée. Lourde quand la cuisson est insuffisante, elle pèse beaucoup moins lorsqu'elle est sèche et cuite à point, aussi faut-il la laisser trois quarts d'heure au four. La marchandise n'étant pas dans les conditions voulues le pauvre hère fit une sévère remontrance au pâtissier qui, pris de colère, le jeta brusquement à la porte. Le terrible sifflet se fit entendre, le sadrazam mendiant envahit la boutique suivi de plusieurs hommes qui saisirent le malheureux confiseur, le placèrent sur une plaque servant à enfourner les gâteaux et le mirent au four. On l'y laissa trois quarts d'heure. Bien entendu, on ne retira qu'un cadavre.

Une autre fois, le grand vizir parcourait les rues, la tête ceinte d'un blanc turban d'iman, il rencontra un petit garçon portant de la viande. « Combien d'oques as-tu achetées lui demanda-t-il? — Trois, » répondit l'enfant.

Le faux iman entra avec lui dans la première boutique venue, on pesa la viande, il manquait cent drames. Il se fit conduire chez le boucher. C'était un Grec, gros et gras. Après lui avoir fait des reproches sur son manque de bonne foi envers un enfant surtout, il lui ordonna de se coucher et lui fit sur l'heure enlever sur la partie la plus charnue de son corps cent drames de chair que l'on jeta aux chiens dans la rue. On envoya le coupable au patriarche afin qu'il le mît à l'hôpital ou en prison.

Cette sévérité, ces exécutions d'un autre âge effrayèrent les musulmans et les chrétiens. Le sultan renvoya Izet Mehmed pacha à ses chevaux et à la grise Efa.

DES CARRIÈRES EN TURQUIE.

Dans aucun pays du monde, les gens de petite naissance et souvent de capacité fort médiocre n'arrivèrent, par des chemins plus singuliers aux plus hautes dignités que dans l'empire ottoman. Il ne faut pas s'étonner s'ils n'eurent, pour la plupart, d'autre but que de ramasser des richesses laissant le reste au kysmet (destin) dont les faveurs tombant sur eux comme la manne sur le peuple hébreu, justifiaient bien l'aveugle confiance qu'ils avaient en lui. Je ne parlerai pas de Riza pacha, de Mehmed-Ali pacha, arrivés aux honneurs grâce à la protection spéciale du sultan, mais je citerai quelques autres parvenus, plus ignorés.

Saïd-Mirza pacha, Tatar d'origine, natif du village de Kazanlik, dans la Dobroudja, était un pauvre homme sans éducation. N'ayant aucun moyen de gagner sa vie, il se mit à voler des chevaux pour en faire le commerce. Il ne fut pas toujours heureux à ce qu'il paraît, pris en flagrant délit il fut condamné aux travaux forcés pour dix ans et conduit à Tersané. Le grand amiral, à cette époque était Kutchuk Ahmed pacha, Turc de vieille roche et d'anciens principes. Il possédait deux lions apprivoisés qui ne le quittaient jamais. Était-il assis dans sa chambre, ils se couchaient à ses pieds; se promenait-il, ces animaux le suivaient comme des chiens, et ce n'était qu'avec une grande terreur que l'on approchait du pacha, seulement quand on y était obligé.

Un jour assis au bord de la mer, il regardait travailler les ouvriers, il remarqua Mirza-Saïd, de taille moyenne, aux jambes courtes, dont les petits yeux obliques étaient enfoncés dans une tête trop grosse pour son corps. Il demanda qui était cet individu. L'ayant appris, il l'appela et lui demanda comment il s'y prenait pour voler les chevaux; le tatar fut éloquent, raconta ses hauts faits avec verve et force pantomimes, ne se montrant nullement gêné par ses chaînes. Le capoudan, vivement intéressé, lui dit : « Saurais-tu voler mon cheval? » Celui-ci était à quelques pas de là, un écuyer le tenait par la bride et les lions semblaient le garder.

« Pourquoi pas, » répondit Saïd. D'un bond il passa par-dessus les lions, se trouva en selle, frappa le palefrenier des fers de sa main, sa monture de ceux de ses pieds et s'élança dans les eaux de la Corne d'or. Le pacha ordonna qu'on le laissât s'enfuir sans l'inquiéter. Le lendemain le Tatar revint sans cheval et se présenta au capoudan. « Où est le cheval, demanda celui-ci? — Je l'ai vendu, répondit Saïd, un bon voleur ne garde pas un cheval volé. » Le grand amiral se mit à rire, le prit avec lui au palais du sultan, lui fit donner un cheval en lui recommandant de ne point le vendre cette fois. Saïd Mirza entra dans l'armée. En 1812 il fut nommé colonel d'un régiment composé en partie de Tatars, en partie de Cosaques de la Dobroudja. Il le conduisit bravement au combat sur le Danube, en Albanie, dans le Kurdistan. Il devint liva-pacha (1), puis férik (2).

A la bataille de Nézib avec son régiment tatar dont le colonel était Murad bey ex-capitaine de la garde russe et le major Mustafa bey,

(1) Général de brigade.
(2) Général de division.

Tatar de Lithuanie, il chargea seize fois l'ennemi, tandis que l'armée turque s'enfuyait de tous côtés et seize fois il dispersa les Arabes et les mamelouks d'Ibrahim pacha, arrêtant la poursuite des Égyptiens. Il fut fait mouchir (1). Après cette campagne, on l'envoya en province où il occupa successivement de grands gouvernements; on ne le laissait jamais plus de deux ans en place. Lorsqu'il avait acquis beaucoup d'or et de biens, on le destituait, on l'appelait à Constantinople où on le dépouillait du fruit de ses rapines. Après une courte disgrâce, il était envoyé dans une autre partie de l'empire, d'où on le rappelait de nouveau.

Je l'ai beaucoup connu et lui-même me disait : « Je suis comme la vache de la Sublime Porte, on m'envoie au pâturage; quand mes pis sont pleins, on me trait jusqu'à la dernière goutte; on me renvoie, pour me traire de nouveau. Je sais ramasser, c'est vrai, mais notre gouvernement sait mieux dépouiller encore. »

C'était un cavalier incomparable et un chasseur passionné; son cheval étant au galop, il

(1) Maréchal.

tirait les oiseaux au vol. Il connut tour à tour l'opulence et la misère. En 1866 appelé de Roustchouk à Constantinople on trouva qu'il n'avait plus de dents pour tondre les prairies, on ne le renvoya nulle part, il mourut dans la gêne.

Il serait injuste de dire que tous les parvenus musulmans se soient fiés uniquement à la destinée et lui aient abandonné le soin de leur fortune; il y en a qui parvinrent aux honneurs et aux dignités par leurs efforts, leur persévérance et leur savoir faire.

Sans génie, sans talent, par son travail et un travail infatigable Mehmed-Ruchdi pacha arriva à la haute position qu'il a longtemps occupée dans l'empire. Entré comme simple soldat dans l'armée, il gagna les bonnes grâces de l'iman de son régiment, qui obtint qu'on l'employât dans les bureaux. D'aga il devint effendi, il ne prit part à aucune des guerres, ni des expéditions où la Turquie était si souvent engagée.

Le hasard ou ses démarches, dit-on, le firent placer au corps de garde voisin de l'ambassade de Russie; par sa politesse, sa complaisance, son obséquiosité, il se fit aimer de tous les attachés de cette légation que la méfiance traditionnelle et historique des Turcs envers les Russes, n'avait point habitués à de tels égards. On s'occupa de lui, on le mit à même d'étudier et de s'instruire, il devint en quelque sorte le commensal de cette ambassade. Ses relations lui permirent de tenir ses chefs au courant de nouvelles dont les Turcs sont toujours avides. On l'écoutait, on le remerciait, on lui faisait une sorte de mérite d'avoir capté la confiance et la considération des ennemis séculaires de son pays. Ceux-ci, de leur côté, le vantaient comme un homme de progrès, travailleur, d'une conduite exemplaire, appelé à un brillant avenir. On l'épaula fortement, il avança en grade et ne tarda pas à devenir colonel. Il apprit le français dans les livres, à force de patience et d'étude ; cette connaissance, à cette époque, était d'autant plus appréciée qu'elle était rare. Par la fréquentation de la bonne compagnie, il acquit des manières correctes, devint un dignitaire sérieux, sachant parler et écouter. Devenu pacha et inspecteur de l'école militaire supérieure nouvellement établie il se lia d'amitié avec les instructeurs français, officiers instruits et distingués MM. Magnan et Mouginot. Il découvrit parmi les élèves de l'école deux jeunes gens capables, Hussein-Avni et Ramis, se les associa pour traduire en turc les ouvrages militaires français élémentaires. Le travail achevé, il le présenta au sultan par l'entremise du séraskier comme son œuvre. En récompense il fut nommé férik. On lui reconnaissait généralement trois grandes qualités, il était pieux, homme de progrès et savant, aussi ne tarda-t-il pas à être fait mouchir, commandant de la garde impériale. Malgré cette rapide carrière Mehmed-Ruchdi ne se sentait pas encore l'égal de ses collègues; ceux-ci lui étaient supérieurs en naissance, en véritable savoir et avaient rendu plus de services que lui. Pour assurer son influence il eut recours à un moyen infaillible; il employa les femmes.

Toujours en secret, car il était naturellement et passionnément mystérieux, il acheta un certain nombre d'esclaves circassiennes et géorgiennes, loua un conak, les y installa sous la surveillance d'une matrone sûre et expérimentée, les fit instruire, à la mode orientale. On leur apprit à danser, à chanter, à jouer du piano et de la guitare, à nouer des intrigues. Après avoir passé un certain temps dans cette maison, beaucoup de ces jeunes esclaves devinrent, selon leurs aptitudes et leur beauté, des alaïks, des odalyks ou même des femmes légitimes de pachas, de beys et de dignitaires; elles étaient bien élevées, n'avaient point le goût des dépenses, rendaient heureux ceux qui devenaient leurs possesseurs. Ceux-ci étaient reconnaissants au chef de cette entreprise matrimoniale que l'on connaissait bien quoique son nom ne fût jamais prononcé et l'influence occulte de Mehmed-Ruchdi s'étendit de cette façon dans beaucoup des principales maisons de Constantinople.

Mehmed pacha put alors faire de la politique selon son goût et ses opinions. On ne l'aimait pas, mais on avait peur de lui, on savait que lorsqu'il voulait renverser le ministre le plus solidement assis, il y réussissait; son intervention toujours pressentie et soupçonnée n'était jamais prouvée; il conspirait contre tout et contre tous sans qu'on pût ouvertement l'en accuser, ni le prendre sur le fait.

Quand se dessinèrent les deux partis de la jeune Turquie et de l'ultra-Turquie, il les dirigea tous les deux d'une manière occulte, par le choix qu'il fit des hommes qui en avaient la direction ostensible. Il fit converger l'action de ces deux partis si différents vers un même but : la lutte contre les réformes et contre l'influence étrangère et cela plutôt par haine et par envie contre les hommes tels que Réchid pacha, Fuad pacha, Ali pacha que par aversion pour le progrès.

De sa propre main, il corrigeait les fautes d'orthographe des proclamations et des déclamations de la jeune Turquie, tandis que le soir au conseil des ministres, il donnait l'ordre d'arrêter et d'exiler les membres de cette même jeune Turquie. Généralement on le regardait comme un conservateur.

Avant les massacres de Damas, lorsque le gouverneur, un de ses clients, lui demanda comment il devait agir dans les circonstances où il se trouvait, il reçut un billet contenant ces mots : Cela ne nuira pas aux giaours s'ils perdent un peu de sang. Il était alors grand vizir. Le sang chrétien coula en effet, les ambassadeurs lancèrent des notes, les gouvernements s'émurent, on menaça le pays d'une occupation. Mehmed-Ruchdi le premier s'indigna contre ces crimes, et fulmina contre eux; officieusement il sollicita l'appui des ambassadeurs, officiellement il se montra partisan d'une occupation étrangère. Les étrangers portèrent le sadrazam aux nues, les Turcs gardèrent le silence sachant à quoi s'en tenir. Lui-même sollicita du sultan la nomination de Fuad pacha comme commissaire; il se montra envers l'homme de son choix plein de bienveillance et de cordialité lui disant : « Je t'ai fait monter les premiers degrés d'une échelle qui peut te faire atteindre la gloire et la puissance, je ne te demande pas de te souvenir de moi, ni de penser à moi, travaille pour ton pays et pour l'islam. Fais fusiller impitoyablement le coupable pour la satisfaction de l'Occident, mais reprends le billet qu'il possède et qui lui a conseillé de laisser faire, c'était nécessaire, les giaours montrant une arrogance qu'il fallait réprimer. » Il lui donna les instructions les plus détaillées, écrivit une lettre à Ahmed-

Doudou pacha conçue en ces termes : « Ne crains rien, tu auras la vie sauve, écoute le commissaire et fais ce qu'il ordonnera. »

Ahmeh-Doudou avait une foi aveugle en Mehmed pacha, il rendit le billet compromettant. On convint que l'arrêt de mort serait prononcé contre lui, qu'il serait conduit sur le lieu de l'exécution, que lorsque la sentence aurait été lue et que la troupe serait prête à tirer, un aide de camp arriverait de Damas apportant le firman de grâce. On combina même ce qu'Ahmed-Doudou devrait dire au moment de son exécution.

Il montra au moment suprême un sang-froid qui ne laissa pas que d'étonner de la part d'un homme qu'on savait poltron ; il demanda la faveur de n'avoir pas les yeux bandés ; il parla de devoir, de justice, de sacrifice. Lorsqu'il aperçut dans le lointain un nuage de poussière et un cavalier qui accourait au grand galop, un pli à la main, par quelques mots éloquents, il flétrit sa conduite en s'écriant : Que la volonté d'Allah s'accomplisse. Au même instant Ahmed-Doudou pacha tomba foudroyé, en héros. Les gazettes d'Occident rendirent hommage à cette expiation si courageusement acceptée, à ce dernier cri de la conscience du condamné.

Fuad pacha garda les deux billets qui lui furent un talisman contre les intrigues de Mehmed-Ruchdi pacha; mais un jour, dans un de ces nobles élans dont son cœur était coutumier, il les brûla devant leur auteur et le vent en emporta les cendres.

Plus tard, beaucoup plus tard, il accusa Fuad pacha de dilapidation des deniers publics, d'abus financiers et Fuad fut destitué par le sultan Abdul-Azis, presque exilé. Il s'en alla mourir à Nice, victime de l'ingratitude de son souverain, lui, le dernier grand homme de l'islam.

Quelquefois Mehmed-Ruchdi était jovial dans son jésuitisme. Un officier démissionnaire, autrefois son aide de camp, commit un crime et fut condamné à mort. Il demanda comme faveur de voir son ancien chef. Ruchdi le fit amener chez lui, lui offrit du café, un chibouque. « Mon agneau, lui dit-il, pourquoi t'affliger, ce monde est triste, plein de déboires; peut-être celui où tu vas sera-t-il meilleur. Tu as été un officier actif, exact dans dans ton service, je t'ai vu à l'œuvre. Informe-toi de ce qui se passe là-bas, nous ne tarderons pas moi et beaucoup d'autres, à t'aller rejoindre si tu peux nous envoyer des informations. »

Il n'était pas cruel; il était honnête et intègre, ménager même des deniers de l'État et tout adonné à sa passion de gouverner et de nouer des intrigues dans lesquelles il était passé maître. Ses mémoires s'il les écrit seront fort curieux, le Circassien Hassan, l'assassin, aura bien fait de l'épargner.

ANECDOTES SUR LA CAMPAGNE DU DANUBE.

Dès les premiers moments qui suivirent la déclaration de guerre entre la Turquie et la Russie en 1853, les correspondants de tous les journaux de l'Europe accoururent dans le pays, avides de nouvelles; il n'y eut pas de corps d'armée qui n'en eût un certain nombre à ses trousses. Non seulement la Porte ordonnait de les tolérer, mais encore de les ménager et de les respecter.

L'Occident aidait les Turcs, ceux-ci devaient en revanche, essayer de gagner sa bonne opinion. Omer pacha qui ne manquait ni de finesse, ni d'esprit, chargea Iskinder pacha de guider, de protéger et d'inspirer messieurs les correspondants. Iskinder était éloquent, d'une imagination vive et fantaisiste; il savait raconter ce qu'il avait vu et n'avait pas vu, ce qu'il avait entendu et ce qu'il n'avait pas entendu. Il ne se troublait pas en inventant les canards les plus fantastiques; cela coulait comme de source. Bizarre dans ses costumes, il attirait les regards;

si l'on jugeait l'armée par lui, on la pouvait croire composée de héros. Il était hospitalier, aimant à boire et ne craignant point de tenir tête aux Anglais et aux Allemands.

Omer pacha lui donna une suite de trente soldats, pris dans chaque régiment turc où ils remplissaient le rôle de bouffons pour entretenir la gaieté, la bonne humeur dans l'armée, vieil héritage et vieux souvenirs du temps des janissaires et des spahis. Ces bouffons, vieux routiers, diseurs de bons mots, faiseurs de plaisanteries, braves à la guerre, la tête pleine d'expédients, s'habillaient d'une façon excentrique. Iskender se plut à ajouter à leurs costumes des ornements de son goût. Lorsqu'il se montra aux correspondants de journaux accompagné de cette suite, ils crurent avoir sous les yeux un résumé de tout l'Orient et en firent les descriptions les plus pompeuses.

Omer pacha se frottait les mains en lisant dans les journaux le récit de marches stratégiques auxquelles il n'avait jamais songé, d'engagements où tous les ennemis avaient mordu la poussière, tandis que les siens en étaient sortis sains et saufs. Impossible de vérifier

12.

l'exactitude des faits, le diable lui-même y eût perdu sa peine, lui qui s'intéresse aussi bien à la guerre qu'à l'amour, car l'une conduit à la perte du corps, l'autre à celle de l'âme, et c'est toujours la mort qui en résulte. On ne vérifia rien, parce qu'on ne put rien vérifier, et les journaux sont les documents de l'histoire qui passe à la postérité.

Pour varier, Iskinder entremêlait ses récits guerriers et stratégiques d'anecdotes sur son propre compte. Il racontait comment il fut moine dans la Dobroudja, évêque à Bucarest où les femmes de boyards lui baisaient les mains et se confessaient à lui. Les journalistes, avides d'anecdotes qui pussent intéresser leurs lecteurs, ne manquaient pas de parler de ce pacha qui avait eu des aventures si extraordinaires. Ces notes biographiques auraient peut-être été rejoindre tant d'autres récits et personne ne les eût relevées, s'il ne s'était trouvé à Bucarest, que nous ne tardâmes pas à occuper, des dames valaques qui connaissaient toutes les langues et lisaient assidûment tous les journaux.

Un jour, la femme du consul de Prusse, roumaine de naissance, nous invita à dîner ainsi qu'Iskinder pacha. J'arrivai de bonne heure, sachant combien l'exactitude de ses hôtes est agréable à une maîtresse de maison; je trouvai rassemblées des dames roumaines charmantes, gracieusement parées et sur les tables une foule de journaux parmi lesquels je remarquai le *Times*, placé bien en évidence. Quand Iskinder entra toutes ces dames se levèrent, allèrent à sa rencontre et l'une après l'autre voulurent lui baiser la main.

« Très révérend Père, bénis-nous, direntelles, et ne dévoile pas nos péchés. »

Iskinder, interdit, ne savait ce que cela voulait dire; cependant, sans perdre son sangfroid, il répondit en souriant : « C'est quelqu'un qui a voulu me jouer un tour. »

Alors on lui donna à lire l'article biographique du *Times* sur Iskender pacha Ilinski, gentilhomme polonais, descendant des khans de Crimée.

Il écouta la lecture avec attention, l'interrompit pour qu'on lui en répétât certains passages. Quand on eut fini, il branla la tête et dit avec un soupir : « Tout cela est vrai, car j'ai été, comme le dit le proverbe de mon pays, sur la voiture et sous la voiture. »

On rit, on s'amusa et le correspondant du *Times* écrivit qu'il avait assisté à un dîner où il avait pu vérifier l'exactitude de la biographie d'Iskinder pacha. Omer pacha fut très satisfait, et Iskinder continua à s'occuper des correspondants de journaux.

On peut dire que, pendant cette guerre, on s'amusa plus sur le Danube qu'on ne guerroya. Après que l'armée russe se fut retirée de Silistrie, divers hôtes vinrent nous visiter entr'autres le général espagnol Prim, un certain Américain possesseur d'un chien noir dressé à étouffer les hommes, la jolie et coquette Mme Pomereux avec son mari qui était médecin. On baptisa de suite la charmante visiteuse du nom de reine Pomaré, et de toutes parts lui arrivèrent les hommages les plus brûlants. Elle était de cet âge où l'on passe de l'idéal et du sentimentalisme au calcul et au réalisme; elle était sensible à l'amour et plus encore à l'argent. Il y avait un boyard roumain dans l'armée, qui avait le grade de kolagassy; il s'enflamma d'une violente passion pour la sélante Parisienne; malheureusement il était pauvre. Mme Pomereux était sensible à son affection, mais l'eût été bien davantage s'il eût pu l'appuyer d'arguments positifs et le lui déclara sans ambage. Une idée vint à notre kolagassy. Iskender avait des chevaux et de l'or et la séduisante Française lui avait plu, ne fût-ce que parce qu'elle était universellement admirée. « Je donnerai, dit-il, un cheval tout harnaché et une bourse d'or si elle vient ce soir souper chez moi et je t'invite aussi, nous nous amuserons, ajouta-t-il, » certain que la dame ne saurait résister à un gentilhomme polonais, descendant des khans de Crimée

Le kolagassy saisit au bond la parole d'Iskender qui n'y manquait jamais, arrangea tout, reçut un cheval arabe qu'il conduisit immédiatement à la belle, la priant de venir elle-même pour recevoir la bourse d'or.

La soirée fut brillante, la chair recherchée, les vins exquis; le jeune homme et la jeune femme s'occupèrent à qui mieux mieux de l'amphitrion qui se grisa de ses paroles et de son vin et au lieu de tomber aux genoux de Mme Pomereux, se laissa glisser sous la table où il dormit si bien qu'il ne se réveilla qu'au jour. Où est-elle? fut sa première parole.

Elle était dans la chambre avec le kolagassy, Ce furent des reproches, des cris, un tapage infernal; cependant on ne pouvait plus revenir sur ce qui était passé, le cheval piaffait dans l'écurie de Mme Pomereux, Iskender, en galant homme, y joignit la bourse d'or qu'il avait promise, et envoya au diable ses deux invités.

Les choses n'en restèrent pas là; il y avait eu du bruit, du scandale; l'état-major général en fut informé. Omer pacha vit dans cet incident un excellent moyen de divertir le général Prim. Il institua une espèce de tribunal devant lequel il fit comparaître les coupables et tout se termina à la satisfaction de l'assistance, par un somptueux déjeuner dont la conséquence fut que le général Prim pria la dame de devenir son aide de camp. Habillée en turc, le fez sur la tête, montée sur un cheval arabe, elle parcourut la Roumanie à la suite du général.

Un certain Bjedelah, prince de Kabardie, officier démissionnaire des hussards de la garde russe, élevé à Petersbourg, beau garçon et bel homme dans toute la force du terme, s'était engagé, dans le régiment des Cosaques, à l'époque de la guerre. Il commandait un escadron de réserve à Chumla. Amateur passionné du beau sexe, il courtisa quatre femmes turques à la fois; celles-ci se sauvèrent et vinrent retrouver Bjedelah au camp.

Lorsqu'on découvrit cette aventure, ce fut un grand scandale; le coupable fut arrêté et traduit devant un conseil de guerre. Un pareil attentat, selon le Chériat, doit être puni de mort, même s'il est commis par un musulman, à plus forte raison quand l'inculpé est un chrétien. L'insulté a droit de se faire justice lui-même. Le Tanzimat ordonnait un jugement.

Omer pacha et le général Prim y assistèrent. Quand l'accusé se présenta revêtu de son élégant uniforme, paré de sa jeunesse et de sa beauté, le général espagnol ne put s'empêcher de dire : « Si j'étais femme, je n'aurais rien eu à lui refuser, à quoi Omer pacha répondit : Ni moi non plus. » Les juges pensèrent de même sans doute ou tinrent à refléter l'opinion des deux grands personnages qui siégeaient parmi eux car Bjedelah fut acquitté. Quoique son aventure ait été assez connue, il ne fut, durant son séjour à Chumla, l'objet ni de la malveillance, ni de l'hostilité des habitants.

Voilà un fait qui prouve clairement que les musulmans se laissaient facilement influencer en bien ou en mal par leurs chefs et que dans les massacres qui ont ensanglanté la Bulgarie, il faut plutôt voir le fanatisme des ultra-turcs de l'école de Hussein-Avni pacha que celui de la population elle-même.

ARMÉE RUSSE ET ARMÉE AUTRICHIENNE.

L'armée russe laissa derrière elle une bonne opinion et un bon souvenir parmi toutes les classes de la population; l'armée turque n'éveilla aucune répugnance; elle fut reçue d'une manière sympathique et les Turcs de leur côté s'efforcèrent de mériter ce bon accueil. L'armée autrichienne au contraire s'aliéna tout le monde par le système vexatoire qu'elle avait adopté vis-à-vis des habitants. On eût dit que du simple soldat jusqu'au général en chef, tous avaient reçu des instructions pour molester, blesser, humilier et rebuter les indigènes. Les meilleurs, lorsqu'ils n'étaient point malfaisants, étaient ridicules dans leurs manifestations.

A Galatz l'armée autrichienne était commandée par le général Augustyn, certainement l'un des plus polis, des plus affables officiers de l'armée. Quand arriva le carnaval, il défendit les mascarades, donnant pour prétexte que ces divertissements pouvaient devenir dangereux avec une population si disposée aux révolutions. Ne pouvant pas répondre de l'ordre et de la sécurité publics, il engagea chacun à se divertir chez soi.

Le préfet de Galatz, M. Ghika, eut recours à mon intervention; sur mes instances le général Augustyn consentit à autoriser un bal masqué à la Redoute, sous les conditions suivantes : douze fauteuils rouges ornés de franges d'or devaient être préparés pour les officiers d'état-major, un plus grand pour lui-même; une collation et de la bière seraient offertes aux officiers; une marquise devait être établie au-dessus de la porte d'entrée pour abriter l'équipage et les chevaux du général. M. Ghika accepta ce programme, le fit insérer dans le journal de la ville; le bal eut lieu à la satisfaction des habitants.

On regardait comme un manque de politesse le soin que l'on mettait à éviter la société des officiers autrichiens. On arrêta et on conduisit au corps de garde Mlle W. et Mme W... qui n'avaient pas voulu recevoir la visite d'un officier. Pour éviter de semblables vexations, tout le monde partit pour la campagne, ce qu'on n'avait pas fait lors de l'occupation russe.

Dans d'autres localités, on eut plus à se plaindre encore : les Autrichiens se montraient exigeants, chicaniers et les généraux turcs n'osaient point protéger la population. Quand je me rappelle ces circonstances, je m'imagine facilement ce qui doit se passer en Bosnie et en Herzégowine.

LES BACHI-BOUZOUQS.

En 1854, les bachi-bouzouqs commirent bien des crimes, bien des abus ; mais je ne crois pas qu'il faille les attribuer uniquement au fanatisme ; ces excès eurent souvent d'autres causes qu'il ne faut pas confondre avec le zèle et l'excitation religieux.

Lorsque les troupes turques se retirèrent de la Dobroudja, les bachi-bouzouqs laissèrent d'atroces souvenirs derrière eux. Ils avaient violé les jeunes filles et les femmes, les avaient assassinées ensuite; ils avaient pillé, brûlé des villages, massacré les hommes inoffensifs. Omer pacha, à son arrivée, mit fin à ces horreurs, fit arrêter, désarmer et amener à Choumla les plus coupables. L'enquête sévère qui eut lieu prouva que les bachi-bouzouqs les plus barbares avaient été les zaptiés d'Andrinople sous la conduite de Kiatib-Oglou.

Kiatib-Oglou était un riche propriétaire foncier de Yamboul qui possédait de nombreux troupeaux de bétail, de moutons, des haras qu'il faisait hiverner dans les plaines de la Dobroudja. De là naissaient de continuelles altercations avec les habitants de cette province. Kiatib-Oglou leur avait juré une haine profonde et n'attendait que la première occasion pour exercer sa vengeance. Lorsque la guerre éclata, quoique âgé de plus de cinquante ans, il s'enrôla dans les bachi-bouzouqs. Sa fortune, sa naissance, la considération dont il jouissait dans le pays, tout le désigna pour être le chef d'un détachement. Il fut nommé serguierdar des bachi-bouzouqs d'Andrinople et de Varna; il versa sans scrupule le sang chrétien. Il avoua tous ses crimes devant le tribunal qui devait le juger. J'ai ordonné ces massacres, c'est vrai, disait-il, j'ai assassiné, incendié parce que cela m'a plu ainsi. Il ne sortait pas de là.

Selon le Chériat, on ne pouvait condamner ces bachi-bouzouqs à mort par la décollation ou la pendaison; ils avaient fait la guerre aux chrétiens, ils avaient massacré des infidèles. Les cordons de soie, les cafés d'autrefois étaient des moyens trop distingués pour qu'on les employât avec eux; du reste le sultan Abdul-Medjid les avait supprimés. Il n'était pas encore dans les usages de l'armée de fusiller les coupables; on eut recours au bâton; les criminels furent condamnés, selon leur degré de culpabilité, à recevoir de cinquante à trois cents coups de bâton. Les exécutions eurent lieu sur la place de la caserne d'artillerie à Choumla. Plusieurs milliers de soldats étaient sous les armes. Je ne me souviens pas exactement du nombre des condamnés, mais il y en avait bien une quarantaine divisés en cinq catégories. Kiatib-Oglou seul fut rangé dans la dernière. Pas un ne supporta plus de cent coups; aucun ne fut porté à l'hôpital; tous les cadavres furent jetés dans de grandes fosses à côté du cimetière. Kiatib-Oglou résista à son effroyable supplice et trouva la force de se relever; il salua et dit : J'ai subi ma peine, je sollicite la permission de me retirer chez moi : Padischah tchok yacha! (Vive le Sultan).

Peu de jours après, suivi d'une troupe nombreuse il partit pour Yamboul. C'était un homme haut de taille, nerveux, maigre; son visage offrait une vive ressemblance avec la tête d'un oiseau de proie, ses yeux étaient gris et perçants, ombragés d'épais sourcils. Il descendait des premiers envahisseurs, des soldats de la conquête. Les biens considérables qu'il possédait avaient été donnés à sa famille par le sultan Mourad II. Son père était un de ces terribles déré beys qui tenaient le pays à leur merci. Les chrétiens, les musulmans mêmes ne l'aimaient pas à cause de sa dureté, de sa tyrannie, de son caractère impitoyable. En le voyant revenir, ils furent persuadés que s'il n'avait pas succombé, c'était grâce à quelque maléfice diabolique.

En 1870, il vivait encore. Je l'ai rencontré dans les plaines de Yamboul, un levrier en laisse, un faucon sur le pommeau de sa selle. Il était encore droit; ses joues creuses, ses yeux profondément encaissés dans leurs orbites brillaient comme des charbons ardents; il me rappelait le diable tel que mon imagination enfantine se l'était représenté jadis.

Les habitants du pays, les fonctionnaires eux-mêmes me racontèrent qu'il allait toujours à la chasse seul, sans serviteurs, sans compagnons. Quelquefois il revenait avec un lièvre ou deux pendus à l'arçon de sa selle, avec des oiseaux dans sa gibecière, et l'on raconte qu'il était arrivé de trouver sur les routes écartées des cadavres de voyageurs et de marchands assassinés. Leurs vêtements étaient intacts, leurs armes reposaient à côté d'eux mais leurs ceintures de cuir étaient vides. Les serviteurs de Kiatib-Oglou disaient tout bas qu'au retour de ces chasses, le maître ouvrait parfois le grand coffre en fer scellé au plancher et fermé par trois serrures dont les clefs comme des talismans étaient suspendues à son cou. La conscience publique l'accusait, mais personne n'osait élever la voix tant était grande la crainte qu'il inspirait. On n'aurait pas trouvé un musulman qui voulut témoigner contre lui, quant aux chrétiens qui donc aurait pris garde à leur dénonciation s'ils avaient eu la hardiesse d'élever la voix?

A Constantinople, il avait des amis et de puissants appuis, il était généreux et prodiguait les présents de toutes sortes. Les consuls étrangers allaient chasser sur ses terres et recevaient dans sa maison une large hospitalité comme on n'en rencontre plus de notre temps.

En 1853 le gouvernement turc donna aux Français six régiments de bachi-bouzouqs, autant aux Anglais, le reste continua à servir sous les drapeaux du sultan.

Quand l'armée turque passa sur la rive droite du Danube, un iradé impérial défendit sévèrement que sous aucun prétexte les bachi-bouzouqs passassent en Roumanie. On les laissa à Déli-Orman et dans les environs de Rasgrad. Les Français employèrent les leurs au service des transports, les traitèrent bien, les nourrirent convenablement et furent assez bien servis. Les Anglais exercèrent les leurs à Déli-Orman et ne voulant pas contrevenir aux préceptes de la religion leur donnèrent par tête trois cents drames de farine pour faire du pain, du fourrage pour leurs chevaux et quant au reste les abandonnèrent à leur propre industrie, tout en se montrant très sévères pour l'insubordination et le vol. Ce système provoqua des plaintes et des récriminations que les Anglais châtièrent à leur façon, avec le fouet. Les bachi-bouzouqs se révoltèrent et firent subir aux Anglais le traitement qui leur était réservé. Ceux-ci accoururent à Roustchouk, puis se transportèrent dans l'île de Ramadan où se trouvait le serdar-ekrem. — Les bachi-bouzouqs se rendirent de leur côté auprès du généralissime pour se plaindre et demander justice. Il en arriva de deux à trois cents au milieu du camp impérial. Ils appelaient les musulmans au secours contre les giaours anglais qui les traitaient comme un vil bétail. Le serdar-ekrem s'effraya. Les révoltés étaient de vrais croyants, des volontaires qui avaient quitté leurs foyers pour accourir à la défense du sultan calife ; de l'autre, les Anglais étaient de fidèles alliés et leur ambassadeur ne manquerait pas de faire grand bruit de cette révolte.

Le colonel Simons trouva un expédient pour le tirer d'embarras. L'iradé impérial défendait aux bachi-bouzouqs de franchir le Danube, ceux-ci en envahissant l'île de Ramadan l'avaient bravé ; on avait tout le droit d'user de la force pour repousser cette troupe. Si le serdar hésitait à sévir, les Anglais étaient décidés à protester. Omer pacha répondit que l'on n'était pas sur le terrain roumain, mais sur « celui du sultan ». L'Anglais répliqua : « C'est vrai, mais nous sommes sur la rive gauche du Danube et l'on peut en le traversant à gué atteindre la Roumanie, du reste nous avons à résister à une attaque à main armée.

— Qui employer pour réprimer ces irréguliers si les musulmans s'y refusent, reprit le serdar ?

— Les canons ne sont pas musulmans, » dit l'Anglais. Le généralissime recouvra son sang-froid, il craignait, non sans apparence de raison, que les musulmans refusassent de repousser leurs coréligionnaires à la bayonnette ou au sabre ; l'emploi des canons trancha la difficulté. On en fit avancer huit chargés à mitraille, les officiers prussiens en dirigèrent le tir comme ils l'avaient fait à Arab-tabia et à Silistrie.

Les bachi-bouzouqs étaient rassemblés comme un troupeau de moutons sur la rive du côté de Roustchouk, les canons partirent deux à deux faisant des trouées dans la troupe indisciplinée ; les uns tombèrent morts, les autres furent démontés, ils n'osèrent pas se jeter sur les canons, mais se précipitèrent dans le fleuve, les eaux du Danube s'empourprèrent ; les chevaux et les hommes nageaient en désespérés et se noyaient, une faible partie atteignit la rive droite. En une demi-heure la razzia fut terminée ; un officier anglais partit en bateau à vapeur pour Constantinople afin d'informer lord Redcliffe de l'évènement, tandis qu'un aide de camp d'Omer pacha partait en poste avec un rapport pour le sultan. L'ambassadeur eut gain de cause. On ne retira pas les bachi-bouzouqs aux Anglais, mais on leur adjoignit des Albanais. Choumla devint leur quartier général. Il y avait six régiments d'Anatoliotes et six d'Albanais, on les nourrit bien dorénavant, on les paya régulièrement, on leur fit faire pédantesquement l'exercice et l'on respecta les usages et les préjugés musulmans.

Les officiers anglais et leurs interprètes passaient devant le front et s'apprêtaient à commander tandis que les soldats allumaient leurs pipes en criant : « dour (attendez) quand nous aurons fini de fumer nous vous écouterons. »

A l'heure de la prière, fût-ce même au milieu des manœuvres, ils arrêtaient leurs chevaux, en descendaient, faisaient leurs ablutions et leurs namaz, après quoi, ils remontaient à cheval. Le vendredi avant l'heure de la prière on ne pouvait, sous aucun prétexte, les faire marcher.

Les soldats du nizam quoique tous musulmans servaient comme tous les soldats du monde, ils étaient soumis et disciplinés. Les Anglais ne tirèrent aucun avantage de leurs bachi-bouzouqs, ceux des Français et des Turcs se battirent tant bien que mal, ils eussent été beaucoup meilleurs si on avait su les diriger et se comporter avec eux.

Parmi les irréguliers turcs, il y avait un régiment kurde d'Urfa et de Diarbékir sous le commandement de Bakou efendi, descendant des anciens rois du Kurdistan. Les sept cents volontaires qui le composaient étaient montés sur sept cents juments du Kurdistan, car les Kurdes ont la conviction que les étalons sont bons seulement pour les guerriers turcs; ils font beaucoup de bruit et ne valent rien ni pour le service de jour, ni pour celui de nuit. Durant le combat, les étalons surexcités prennent le dessus sur leurs cavaliers, la jument au contraire est docile et silencieuse. — Tous les soldats de ce régiment étaient armés des mêmes armes, revêtus d'un même uniforme. Sous des instructeurs expérimentés, ils faisaient le service des avant-postes en Dobroudja comme le régiment de cavalerie le mieux exercé. A la fin de la guerre on proposa à ces Kurdes de passer dans la garde du sultan, ils refusèrent disant qu'ils préféraient le servir dans leur propre pays; Bakou efendi refusa le titre de pacha qu'on lui offrit.

Parmi les bachi-bouzouqs anglais, on découvrit un Rinaldi turc; sa bonne conduite et sa bravoure l'avaient fait avancer jusqu'au grade de capitaine. C'était véritablement un héros typique. Mansour-Oglou était le fils d'un riche propriétaire de Karnabat. Orphelin dès son bas âge, il avait été élevé par sa mère pour laquelle il conserva toute sa vie une affection vive et profonde, presque un culte. Fort mauvais sujet, il commença de bonne heure à séduire et à enlever les femmes et les jeunes filles musulmanes et chrétiennes. Pris plusieurs fois sur le fait, on l'accusa devant les autorités, mais comme on n'avait point à lui reprocher d'actes de violence, il parvenait toujours à se tirer d'affaire. Cependant il était la terreur des maris et des pères de famille, le medjliss (conseil provincial) s'assembla à Karnabat et rédigea un mazbata (requête) au gouverneur, le priant de faire enrôler Mansour-Oglou dans l'armée afin d'en délivrer le pays. Le mazbata fut pris en considération, le jeune homme fut incorporé dans le second régiment de cavalerie de Roumélie, pour le moment, en garnison en Bosnie. Mansour se soumit sans résistance au décret qui l'arrachait à son pays, à sa mère et à ses plaisirs. Il était déjà depuis quelque temps au service quand on lui annonça que sa mère avait été arrêtée à cause de ses méfaits et que de saisissement elle était morte dans la chambre même du medjliss devant lequel elle avait comparu. Mansour se rendit auprès de son colonel, sollicita un congé pour aller venger sa mère, le colonel refusa; Mansour furieux le frappa, puis avec un compagnon de son choix Ahmed aga, il sella son cheval et partit.

Après une longue marche qui dura bien des jours, les deux fugitifs arrivèrent à Karnabat. Mansour se rendit au cimetière, chercha la tombe de sa mère et resta là à méditer et à prier jusqu'au soir. Pendant ce temps Ahmed aga s'était mis à la recherche des anciens camarades de son ami, il en réunit une quarantaine prêts à tout, gens d'audace et d'aventures. C'était l'époque du Ramazan, le medjliss tenait ses séances la nuit et passait plutôt son temps en festins et en divertissements qu'en délibérations, il était composé des mêmes personnages qui avaient fait arrêter la mère de Mansour-Oglou. C'était après l'iftar, premier repas du soir qui suit le jeûne de la journée et qu'annonce un coup de canon; on allait s'asseoir à table. A peine les membres du medjliss étaient-ils installés que les fenêtres parurent toutes en flammes. Les fonctionnaires affolés se précipitèrent vers les portes, elles étaient barricadées, des coups de fusil les chassèrent des fenêtres; tous furent brûlés, carbonisés sans que personne vînt à leur secours. Mansour et ses compagnons sautèrent à cheval, s'élancèrent hors la ville et se réfugièrent dans les Balkans. Le brigandage commença sur une grande échelle, on attaqua les postes, les collecteurs de dîmes, les caravanes, on dépouillait les marchands, mais on leur laissait la vie sauve. On enlevait les femmes et les jeunes filles, puis on les renvoyait à leurs parents. Lorsque la guerre éclata, les brigands disparurent, ils s'étaient engagés parmi les bachi-bouzouqs; ils servirent fidèlement. Une femme reconnut Mansour-

Oglou et ne put retenir une exclamation qui le trahit. Les Anglais lui donnèrent avis de partir, ce qu'il fit en effet. Nous le retrouvons de nouveau avec ses acolytes dans les Balkans, où il engagea une véritable bataille avec un escadron de lanciers impériaux dans la vallée de Kamtchik.

Les Cosaques ottomans survinrent, s'emparèrent du chef redoutable. Amené à Andrinople, il fut condamné à la détention pour un certain nombre d'années et subit sa peine.

Bien des annés après, nous le rencontrâmes dans la vallée de Marach ; c'était un vieillard aux cheveux gris, robuste et alerte encore ; monté sur un vaillant cheval de Déli-Orman, il était venu au devant de nous, nous conduisit dans sa maison où il nous offrit l'hospitalité. « J'ai vengé ma mère, nous dit-il, parce que je l'aimais par-dessus tout ; j'ai rempli mon devoir. Pour subvenir à mon existence, j'ai pris ce que j'ai pu et où je l'ai pu, mais je n'ai ni tué, sauf pour défendre ma propre vie, ni incendié. On a lutté contre moi, j'ai accepté le combat. C'est vous qui m'avez fait faire connaissance avec la justice humaine, j'espère n'avoir plus maille à partir avec elle. Je respire mon air natal, je foule et cultive la terre qui a vu naître mes ancêtres, j'ai une famille, des enfants, de bons chevaux, des levriers, que me faut-il de plus? Dieu soit loué! »

Les autorités, à sa sortie de prison, l'avaient laissé libre de se retirer sans l'inquiéter. Au fond, on ne le blâmait pas trop d'avoir vengé sa mère; cela prouvait qu'il était un bon fils. Il avait risqué sa vie et son avoir pour prendre la vie et le bien d'autrui, c'était de bonne guerre. Sur une plus grande échelle, la même chose ne se passe-t-elle pas entre les rois et les États? A son heure, il avait servi le sultan et son pays, que Dieu lui accorde la paix et de longues années!

MEHMED-FUAD PACHA.

Mehmed-Fuad fut sans contredit un des hommes d'État les plus remarquables de notre époque. Élève de Réchid pacha, collègue d'A'Ali pacha, éloquent, hardi, doué d'une grande intelligence, profondément instruit, il était un des écrivains les plus distingués de son pays, soit qu'il écrivît en prose, soit qu'il écrivît en vers. Son cœur courageux faisait de lui un diplomate indépendant et spontané, voire même un général d'armée. Le bonheur, cette première qualité d'un chef militaire et d'un homme d'État, semblait attaché à ses entreprises. Il connaissait bien le Coran et l'œuvre de Mahomet, l'état actuel de l'empire et savait prévoir ses destinées futures. Dans les salons européens, dans la société des dames, il était prévenant, poli, affable, accessible; d'un commerce facile dans la vie privée, sincère et plein de dignité. Il était spirituel et se laissait aller volontiers à faire des calembours; il savait, par le tour qu'il donnait à son langage, faire accepter ce qu'il pouvait avoir de trop piquant. Dans les réunions d'hommes d'État, de diplomates, il savait, sans pédanterie, résoudre les questions les plus embrouillées, comme s'il les avait étudiées, quoiqu'elles fussent quelquefois nouvelles pour lui.

De taille élevée et imposante, son visage était beau, son œil bienveillant. Il était adoré de ses inférieurs, apprécié et aimé de ses collègues et de ses égaux. Il parlait presque toutes les langues de l'Europe; il connaissait à la perfection le français et l'espagnol.

Il descendait d'une vieille famille turcomane qui déjà du temps du sultan Orkan, avait donné des dignitaires à l'empire naissant. Le père de Fuad fit élever soigneusement son fils qui étudia la médecine à Paris et à Montpellier; il appartenait à une famille de déré beys, grands propriétaires de terre, sortes de seigneurs féodaux qui se montrèrent hostiles au sultan Mahmoud. Ce souverain les mettait sur le même rang que les janissaires et les considérait comme un obstacle à ses réformes. Au lieu de choisir, dans cette classe, parmi les plus éclairés, des hommes de bonne volonté, qui eussent pu, entre ses mains, devenir les instruments de ses plans et l'aider à les exécuter, il préféra couper des têtes. Il faut peut-être chercher là une des causes de l'incohérence et de la bizarrerie des réformes, qui, jusqu'à présent, malgré les efforts et le bon vouloir des sultans ses successeurs, assistés d'hommes d'État remarquables, n'ont pas pu se débarrasser de leur vice originel.

Parmi ces déré beys dont on trancha les têtes, qui sait s'il ne se fût pas trouvé quelques intelligences d'élite qui eussent embrassé la situation d'un coup d'œil clair et juste, qui eussent eu le courage de conseiller des réformes appropriées aux mœurs et au tempérament de la nation, conservant le caractère oriental au lieu de singer l'Occident et d'arriver à des parodies parfois divertissantes, mais ne pouvant avoir aucun résultat profitable. Le père de Fuad pacha tomba avec les autres déré beys, victime du zèle réformateur du sultan Mahmoud. Le jeune Fuad, après avoir achevé son cours de médecine, visita le midi de la France et de l'Espagne, Grenade et l'Alhambra, ce dernier séjour des rois Maures; il étudia l'histoire et la civilisation arabes, il possédait des documents importants et précieux sur cette branche de l'islam contemporaine du sultan Orkan, ce grand homme politique et militaire qui fit de Brousse la première capitale de l'empire ottoman.

Quand le conquérant occupa Brousse, ville alors très commerçante, habitée en partie par des négociants génois, il conversa avec eux, à ciel ouvert, et demanda à l'un d'eux de lui tracer sur le sable la carte du monde. Le Génois courut chez lui et rapporta une carte sur parchemin sur laquelle les pays, les rivières, les mers étaient marquées de couleurs différentes. Le sultan Orkan, pendant plus de deux heures, questionna ces étrangers sur la géographie, il regarda longuement la carte et resta pensif, puis il tira son sabre du fourreau et de la pointe toucha les Dardanelles et Gibraltar et dit : « Quand ces deux points seront en mon pouvoir je serai le maître du monde ». Il organisa de suite une expédition sous les ordres de son fils Souleyman, lui donnant pour lieutenants deux Grecs renégats, Michal-Oglou et Evrenos bey, et leur ordonna de se diriger vers les Dardanelles, de prendre Gallipoli, de s'avancer en Roumélie et de la soumettre. Farik, surnommé Jéchil émir, reçut la mission d'appeler les Arabes à une guerre sainte et de passer à Gibraltar pour conquérir l'Europe occidentale. — Quand je visitai Brousse, en 1842, cette carte se trouvait dans la mosquée verte (Jéchil djami) ainsi appelée parce qu'à l'intérieur et à l'extérieur elle était ornée de briques vertes, j'ai vu cette carte, j'en ai parlé à Réchid pacha, à Fuad pacha et à d'autres Turcs instruits. Je ne sais ce qu'elle est devenue après la destruction de Jéchil djami par le tremblement de terre qui a fait de si grands ravages à Brousse.

Cette digression sur les premiers temps de la conquête de l'islam est basée sur les traditions dont le jeune Fuad avait nourri sa jeunesse, c'est pourquoi elle a trouvé sa place ici.

De retour à Constantinople, il entra au drogmanat du ministère des affaires étrangères où il devint deuxième drogman de la Porte Ottomane; il fut envoyé en mission extraordinaire en Espagne auprès de la reine Isabelle, obtint un grand succès dans les cercles aristocratiques. Poète, guerrier et diplomate, il rappelait les héros maures d'autrefois, il était l'enfant gâté des grandes dames, mais il ne rencontra ni Gonzalve de Cordoue, ni le Cid. Il fut ensuite nommé premier drogman et bientôt après adjoint du ministère des affaires étrangères (mustéchar.)—En 1848, il fut chargé d'une mission extraordinaire à Pétersbourg, il parvint à aplanir le différend survenu à cause des émigrés polonais et hongrois. A son retour, il fut nommé ministre des affaires étrangères. C'était l'époque de la question des lieux saints et de la clef du tombeau de Jésus-Christ, le moment de la querelle entre les catholiques et les orthodoxes ou, pour mieux dire, entre l'Orient représenté par la Russie et l'Occident par la France. Ces deux puissances cherchaient à exercer une pression sur la Sublime Porte qui, maîtresse du pays, possédait cette clef et la donnait aux jours convenus à chacune des communautés. Cette question avait commencé à s'agiter sous le grand vézirat de Sarym pacha, Turc de vieille roche, très spirituel et très ingénieux, mais rude parfois dans l'énonciation de sa pensée. Fuad pacha causant une fois avec le premier drogman de l'ambassade de France,

M. Mathurin Cor, que les Turcs aimaient et estimaient fort pour sa droiture et ses capacités, lui dit :

« Nous ne pouvons pas vous donner une clef et leur en donner une aussi; celle que nous avons est notre propriété reconnue; vos croisades ne l'ont pas arrachée aux musulmans. Nous avons, par respect pour votre religion, par désir d'entretenir avec vous d'amicales relations, consenti à toutes les concessions et loyalement tenu nos engagements, mais nous ne pouvons pas l'impossible; d'une clef, sainte pour vous, en faire une seconde, sans nuire à l'authenticité de la première. Nous vous rendrons la clef, arrangez-vous ensemble, cela nous est égal; mettez-la au concours, faites-en le prix d'une course ou d'une lutte, nous consentons à tout. »

On ne s'entendit pas, la querelle reprit avec une ardeur plus grande, la pression de part et d'autre fut plus forte encore du temps où Fuad était ministre des affaires étrangères. Celui-ci fit en secret fabriquer une clef de tous points semblable à celle qui était en litige et la remit à l'ambassadeur de Russie, tandis que Kiamil bey, introducteur des ambassadeurs, beau-frère de Fuad pacha, était chargé de porter l'autre au marquis de Lavalette, ambassadeur de France. Kiamil bey était un homme de progrès, facétieux, caustique, aimé pour sa bonne humeur, recherché dans les sociétés européennes et dans les ambassades qu'il divertissait par ses plaisanteries bouffonnes où l'on retrouvait un peu du sel du fameux Nasreddin khodja. Plus sérieux qu'on ne le pensait, sous ces apparences plaisantes, il trouvait moyen d'amener à la connaissance du public certains projets de la Sublime Porte et de s'informer de ce qui se passait dans les ambassades; il s'acquittait avec adresse de cette mission. On plaisanta, on rit de l'affaire des clefs, mais les Turcs ne réussirent pas cependant à la tourner en ridicule. Vint la mission extraordinaire du prince Menstchikoff, son refus de rendre visite à Fuad pacha, disant qu'il n'avait point l'habitude d'aller chez des imposteurs, la démission de Fuad pacha, la rupture des relations diplomatiques entre la Russie et la Sublime Porte, le départ du prince Menstchikoff et de l'ambassade, enfin la déclaration de guerre.

En 1854, le gouvernement turc était en

bonnes relations avec le roi Othon. Celui-ci, soit par conviction, soit pour ne pas s'exposer à être châtié par les alliés de la Turquie, ne montrait point de malveillance envers le gouvernement impérial, mais la reine Amélie fomenta, par ses efforts personnels, et à l'aide de ses propres deniers, un soulèvement en Épire et en Thessalie, contre les Turcs. On rassembla sur les frontières de nombreuses bandes de brigands qui se préparèrent à les franchir. A Constantinople on eut connaissance de ces préparatifs et l'on concentra dans ces provinces plus de vingt-cinq mille hommes sous les ordres d'Abdi pacha, de Chakir pacha et de Daoud pacha. Ces troupes auraient suffi à maintenir l'ordre, à réprimer l'insurrection et à tenir en respect les brigands d'autant plus qu'elles se composaient de vieux soldats de la réserve et d'Arnaoutes braves et résolus, connaissant le pays; malheureusement les commandants ne se distinguaient ni par leur courage, ni par leurs connaissances militaires. Ils étaient animés du désir de s'enrichir par les abus et la pression que leurs hautes fonctions leur permettaient d'exercer sur les habitants chrétiens. Sur des soupçons imaginaires, on arrêtait les villageois pour les jeter en prison; ils n'en sortaient qu'en se rachetant. On imposa des contributions arbitraires, on permit aux Arnaoutes de piller et d'assassiner; eux-mêmes aidèrent à l'insurrection et favorisèrent l'entrée des bandes d'heydoutes de Grèce en Turquie.

Les Turcs, par insouciance ou par maladresse, semblaient prendre à tâche de provoquer le soulèvement. Le fait que je vais citer montrera qu'ils en préparaient parfois les chefs.

En Épire, sur la frontière grecque, dans le village de Kombot, situé dans une région qu'on appelle le Radovist et qu'on pouvait alors appeler à juste titre la Vendée de la Grèce, habitait un homme riche, d'ancienne famille, nommé Skaltzoyani. Il avait des relations avec le Fanar de Constantinople, en était fort estimé et plus d'une fois fit parvenir jusqu'au Sultan lui-même des plaintes et des rapports sur ce qui se passait dans la province; il fit souvent destituer les employés infidèles et prévaricateurs. Ce richard n'avait pas d'enfants, mais il avait adopté son neveu, Dimitraki. C'était alors un jeune homme de dix-huit ans, d'un tempérament ardent d'une intelligence vive; il avait fini ses études à Athènes. Malheureusement, il était prodigue et débauché; le jeu, les femmes, absorbaient son temps et son argent. Son oncle, désireux de réprimer ses mauvais instincts, le tenait sévèrement et en arrivait même à le châtier de ses propres mains.

Le gouverneur d'Arta, Ismet bey et le commandant de l'armée, Chakir pacha, connaissaient les relations de l'oncle et du neveu; ils invitèrent ce dernier à venir chez eux, lui donnèrent toutes les facilités de satisfaire ses goûts dépravés, afin d'achever de le corrompre. Skalzoyani paya encore une fois les dettes de Dimitraki, mais lui administra une correction si forte qu'il en garda le lit. Quand le jeune homme se montra dans Arta, les Turcs le plaignirent, se moquèrent de lui et lui donnèrent des conseils. Ismet bey lui raconta une fable persane intitulée : l'Homme et l'ours.

« Un homme vivait avec un ours, lui dit-il; tantôt les deux camarades étaient en harmonie, tantôt ils se querellaient; le plus souvent l'homme était maltraité et battu par son dangereux ami. Il aurait bien voulu s'en défaire et ne savait comment s'y prendre. Quelqu'un voyant son embarras lui donna son fusil, lui apprit à s'en servir, lui indiqua l'endroit où il pourrait s'embusquer pour guetter le passage de l'ours. L'homme suivit le conseil qui lui était donné, l'ours fut tué et l'homme fut délivré de son esclavage! »

Le jeune Dimitraki saisit le sens de l'apologue. Sur ces entrefaites, Chakir pacha lui fit présent d'un joli fusil. Le jour même Skalzoyani fut tué et Dimitraki accourait se réfugier chez les Turcs ses amis pour les informer de ce qu'il avait fait. Ceux-ci le reçurent fort mal, l'engagèrent à fuir au plus vite s'il ne voulait pas être pendu.

Dimitraki s'enfuit dans le Radovist; les Turcs pillèrent la maison du riche Skalzoyani.

C'était le moment où l'on faisait les préparatifs de l'insurrection, le fugitif en connaissait tous les détails; il se mit à la tête des insurgés qui commencèrent leurs opérations dans cette partie du pays.

C'est une contrée singulière que le Radovist. Sur une étendue de quarante milles environ, au milieu d'un amas de rochers de toutes les formes qui surplombent des précipices dont l'œil ne peut mesurer le fond et sur les flancs duquel poussent des oliviers et des figuiers sauvages, vit une population de quelques milliers d'individus. Leurs chaumières, faites en pierres sèches, sont isolées de mille pas au moins les unes des autres; nulle part il n'y a de villages, ni de maisons groupées les unes à côté des autres. Cette population bizarre emploie le cri des animaux pour se parler à travers l'espace, ce sont des signaux convenus.

Les hommes et les femmes s'occupent de pêche et de chasse. Le fougueux Aspropotamos sépare le Radovist d'Agrafa de Thessalie. Sur cette rivière les Romains ont construit un pont appelé Kourako, haut de cent cinquante pieds, large d'une toise tout au plus, sans garde-fous, sans arches, jeté d'une montagne à l'autre. Il n'y passe guère que des chèvres sauvages, les gens du Radovist et les Albanais; aucun Turc n'ose le franchir, ni entrer dans cette région dangereuse et abrupte.

Dimitraki en fit son quartier général, il rassembla des volontaires, se mit à leur tête, chassa ses anciens amis, les Turcs, d'Arta, occupa la ville et donna le signal d'une insurrection générale. Ses bandes envahirent le pays et la guerre commença pour de bon du côté des Grecs. Quant aux Turcs, ils se retiraient leur laissant le champ libre après avoir pillé les villes et les villages. Un seul des trois pachas défendit Metzovo, la ville koutso-valaque, située sur une haute montagne hérissée de rochers. Les Grecs étaient dans le ravin, l'armée turque sur la hauteur. Le pacha, à la manière des héros d'Homère, s'étant approché du précipice se mit à invectiver les insurgés de toutes les injures que purent lui fournir les langues turque, arabe, et persane, il leur lança du sable et des pierres tandis que les troupes massées près de l'église, attendaient l'arme au bras; ce spectacle dura bien une demi-heure. Les insurgés n'attaquèrent pas Metzovo, pour des raisons que j'ignore. Le pacha se retira, de nuit, vers Bitoglia, d'où il envoya des rapports qui faisaient mention d'un combat acharné. Il fut recompensé, de sa vaillance, par le grade de maréchal et beaucoup plus tard, il reçut une coupe en or pour avoir sauvé l'église de Metzovo. Malgré ces stratagèmes et ces vanteries, il était impossible de cacher le véritable état des choses, l'armée du sultan lâchait pied de tous côtés, l'Épire et la Thessalie allaient échapper aux Turcs, les Grecs se préparaient à aller sur l'Olympe à la recherche de leurs anciens dieux.

C'est alors que l'on envoya Fuad pacha avec sa nomination de commandant en chef de l'armée, quoiqu'il ne fût pas militaire. Il rassembla l'armée fugitive et démoralisée, lui communiqua son énergie et sa volonté, en fit un instrument docile et hardi entre ses mains. Il se rendit d'abord à Kalabaka au pied des montagnes où sont situés les célèbres monastères des Météores, il battit les insurgés à plates coutures. Dans un laps de temps relativement court, par sa valeur, son audace, sa justice et sa miséricorde, il débarrassa la Thessalie des bandes qui l'infestaient; le bien-être, l'abondance, régnèrent de nouveau dans ce riche pays, aimé des dieux. Fuad pacha s'était montré un général et un pacificateur accomplis.

Quand éclatèrent les troubles de Syrie, Fuad pacha, nommé général en chef et commissaire extraordinaire du gouvernement, accomplit sa mission avec succès et honneur, tant au point de vue diplomatique qu'au point de vue militaire. Le sultan le nomma maréchal et lui fit présent d'épaulettes en or ornées de diamants et d'un tépelik (1) en or.

Sous le règne du sultan Abdul-Azis, Fuad pacha fut à deux reprises grand vizir et séraskier tout à la fois; c'est à lui que l'armée doit d'avoir vu relever son moral à ses propres yeux et à ceux de la nation, et les officiers, le sentiment de leur dignité. Autrefois, jusqu'au grade de major, l'officier était méprisé, humilié, battu parfois; il portait souvent les galoches de son pacha, les lui mettait aux pieds, lui offrait le chibouque, en un mot remplissait l'office de domestique; ses chefs le frappaient à coups de

(1) Du temps du sultan Abdul Medjid, les militaires portaient sur le sommet de leur fez une plaque ronde en laiton sous laquelle était attaché le long gland de soie du fez. Cette plaque s'appelait *tépelik*. C'était une invention du sultan Mahmoud lorsque le nizam fut organisé; elle servait à distinguer les civils des militaires. Sous le sultan Azis, cette plaque fut supprimée sur l'initiative de Fuad pacha et avec beaucoup de raison. L'été, elle concentrait les rayons du soleil; l'hiver, elle offrait l'inconvénient opposé et ne garantissait nullement des coups de sabre qui, au contraire, risquaient de l'enfoncer dans le crâne et de causer de mortelles blessures.

bâton, de pipes ou de nagayka (1), selon ce qui se trouvait sous la main.

En 1854, quand l'armée turque était rassemblée à Chumla, le serdar ekrém me donna l'ordre de montrer à son chef d'état-major où il devait placer les grand'-gardes et les sentinelles et comment il fallait organiser le service du camp. Le chef d'état-major était alors Ahmed-Doudou pacha, élève de l'école militaire de Vienne. Nous remplîmes notre mission, quand, arrivé sur une colline ombragée d'arbres où nous devions placer les grand'gardes, le cheval d'Ahmed pacha perdit son fer. Occupé de mon travail, je perdis de vue mon compagnon; je le cherchais quand un de mes officiers accourut, hors d'haleine, et me dit : « Venez voir, général, ce qui se passe. »

Il me conduisit au bord du monticule sur lequel je me trouvais et dans le petit ravin qu'il dominait, je vis l'écuyer du pacha portant sur son dos l'aide de camp de ce dernier qui lui

(1) Fouet court replié en deux, fait de lanières de cuir tressées, en usage chez les Circassiens.

administrait une volée de coups de branches de saule.

« C'est ainsi qu'on apprend à Vienne, aux Turcs, à se conduire avec les officiers, » dis-je en français.

Ahmed pacha cessa de frapper et se troubla.

Il avait voulu, à ce que j'appris plus tard, punir l'écuyer et l'aide de camp chacun à leur tour, le premier de n'avoir pas veillé à ce que son cheval fût bien ferré, le second de n'avoir pas surveillé l'écuyer.

Jamais un officier n'eût osé s'asseoir auprès d'un pacha, ni manger avec lui. Pour entrer dans la salle du conseil ou dans celle du pacha, il retirait ses chaussures, afin de ne pas souiller le plancher; il n'abordait son chef qu'en le saluant jusqu'à terre, en baisant le bas de son vêtement et même ses pantoufles, puis, après avoir croisé ses mains sur son estomac, il attendait ses ordres.

Fuad pacha mit fin à tout cela. Il y eut, grâce à son initiative, des tables d'officiers auxquelles s'asseyaient les lieutenants et les pachas; il invita chez lui les officiers de l'armée, et les hauts fonctionnaires suivirent son exemple. Les officiers entrèrent partout avec leurs bottes, les coups de chibouque ou de canne furent interdits; Fuad inaugura les revues devant le souverain, les parades, la formation des camps. On peut dire en un mot que si Riza pacha forma le corps de l'armée, Fuad pacha lui donna une âme.

Il était adoré de l'armée, aimé des musulmans et des chrétiens, plus populaire que Réchid pacha, qui n'était jamais sorti de la capitale tandis que Fuad avait parcouru tout l'empire.

Deux hommes en Turquie voulurent sincèrement appeler les chrétiens à servir sous les drapeaux du sultan calife, seule mesure qui pût leur assurer une égalité complète avec les musulmans : ce furent Riza pacha et Fuad pacha.

Riza pacha, en 1838, organisa trois bataillons de chrétiens, leur donnant des officiers de leur religion jusqu'au grade de colonel; ces officiers portaient les insignes de leur grade au cou sous forme de décorations ornées de diamants; les cols noirs de leurs uniformes et leur fez de même couleur les distinguaient des soldats musulmans, on leur apprit l'exercice et les manœuvres militaires. Plus tard les intrigues de la diplomatie, de l'Autriche surtout, furent cause de la dissolution de ces bataillons.

Fuad pacha voulut augmenter le corps des Cosaques ottomans formé en 1853, composé de Slaves et lui donner une plus grande extension. Déjà la couleur des uniformes était choisie, les escadrons existants devaient servir de cadres; le sultan avait approuvé et sanctionné cette décision quand la destitution de Fuad pacha, son départ pour l'étranger annulèrent ces dispositions. Presque tous les Turcs étaient favorablement disposés excepté Mehmed Ruchdi pacha qui s'opposait passivement à leur extension disant qu'il ne comprenait pas une armée dans l'armée; il faisait allusion au commandement en langue slave que l'on avait adopté. Hussein Avni pacha, successeur de Fuad pacha au poste de séraskier, encouragé par la diplomatie étrangère, fut le plus mortel ennemi de cette organisation slavo-chrétienne.

Fuad pacha aussi bien que Réchid pacha avait compris le sentiment d'Abdul Médjid qui visait à grouper les Slaves du midi sous sa suzeraineté;

il en parlait hardiment et se serait mis plus hardiment encore à l'œuvre si ce sultan eût vécu davantage. Il répétait souvent : l'Occident ne le permettra jamais, pas plus à la Turquie qu'à la Russie ; il ne veut pas un grand État slave du midi, on ne pourra arriver à ce résultat que par une guerre sanglante dont toutes les puissances se défendent.

Paix à ses cendres ! Il fut un homme de cœur et d'intelligence, s'éleva bien au-dessus du niveau ordinaire ; il était digne d'être le lieutenant d'un grand prince.

QUATRE HOMMES D'ÉTAT.

Quand l'empire passa des mains du sultan Mahmoud dans celles du sultan Abdul Medjid, la réforme produisit quatre hommes d'État remarquables.

Riza pacha, homme de progrès, mais homme d'Orient, pratique dans ses conceptions, d'une froide énergie, voulant des améliorations, aimant la justice, mais fanatique du pouvoir dont tout devait découler, la force et les bienfaits, les grâces et les châtiments, n'admettant pas autre chose que l'obéissance passive. Renfermé en lui-même, il écoutait et pesait chacune des paroles de ses interlocuteurs; il parlait peu lui-même, mais le faisait bien, clairement, appuyant sur ce qu'il voulait imposer à l'attention. Fertile en idées, plus habile encore en expédients, il trouvait toujours moyen d'exécuter ce qu'il avait mûri et combiné. Il ne s'emportait jamais, n'élevait pas la voix, cependant on le craignait, on tremblait devant lui. Il n'était ni cruel ni vindicatif; je n'ai jamais entendu dire qu'il ait persécuté personne, toutefois chacun se disait qu'il n'était pas bon de plaisanter avec lui, ni de s'exposer à son courroux. L'armée l'aimait et la nation le respectait. Son visage mélancolique était égayé d'un demi-sourire, jamais plus. Il ne devait ce qu'il savait qu'à lui-même, à son attention, à sa mémoire, à son travail infatigable; il ne s'était point façonné à la mode occidentale et ses sympathies ne l'attiraient pas de ce côté; il fut et resta un homme d'État d'Orient.

Réchid pacha, d'une race d'effendis, c'est-à-dire d'hommes de plume, était versé dans toutes les sciences orientales avant d'effleurer les connaissances européennes. Son grand cœur était fait pour comprendre les théories de la religion chrétienne : aime ton prochain comme toi-même, ne fais pas à autrui ce que tu ne voudrais pas qu'on te fît à toi-même. Généreux à l'excès, il nourrissait les affamés et abreuvait ceux qui avaient soif; il soulageait chaque infortune qui lui était signalée, soit d'une bonne parole, soit d'un don, et cela modestement et délicatement. Quand il était grand vizir, des centaines d'individus mangeaient à sa table, il ne les connaissait pas, leur seul titre à cette faveur était leur indigence. Un pauvre homme arrivait-il d'Anatolie ou de Roumélie à Stamboul pour le Ramazan, sans ressource et sans ami et lui demandiez-vous où il trouverait le gîte et le vivre, il vous répondait infailliblement : chez le grand vizir, lui me nourrira.

Politiquement Réchid pacha était un homme de progrès, constitutionnel, mais point révolutionnaire, partisan de la légalité, de la monarchie, de l'égalité des classes entre elles, de la liberté mais pas de la licence. Aucun homme d'État turc ne sut manœuvrer si habilement avec la diplomatie occidentale que Réchid pacha et n'eut le don, au même degré, d'aplanir tous les différends. Tant qu'il fut au pouvoir on eut moins que jamais à signaler d'insurrections, de révoltes et de mécontentement dans le pays. Il était populaire parmi les musulmans à cause de son patriotisme ardent et intelligent; parmi les chrétiens à cause de sa justice, du respect qu'il professait pour leur religion; parmi les étrangers à cause de son consciencieux attachement à la civilisation occidentale, de ses efforts pour la propager dans le pays. Il n'y eut pas de question politique qu'il ne résolût par la droiture et l'habileté de sa diplomatie sinon toujours à l'avantage de sa patrie du moins jamais à son détriment. Sa vie privée fut le reflet de sa vie publique. Il n'eut qu'une femme dont la mort seule le sépara; cinq fils qu'il éleva pour en faire de fidèles et utiles serviteurs de l'État. Depuis le commencement de sa carrière jusqu'à la fin, il conduisit la barque de l'État et celle de sa famille avec succès et habileté, à sa plus grande gloire et à celle de son pays.

A'Ali pacha, élève de Réchid, son aide inséparable pendant de longues années, fut un travailleur infatigable, ce qu'on appelle un piocheur; il ressemblait à la petite fourmi qui, sur ses épaules, soulève un fardeau dix fois plus gros qu'elle. Écrivain accompli, clair, habile, profondément versé dans la science diplomatique, connaissant toutes les œuvres des grands politiques de tous les temps, il était au courant de tous les traités qui avaient été faits avec la Turquie ou qui l'intéressaient. Timide, craintif, hésitant, il n'était ni dans son caractère, ni dans ses usages de discuter et de contredire; il semblait accéder à tout, et n'agissait qu'à son gré.

Il n'éveillait ni les susceptibilités, ni la malveillance, ni l'antipathie des diplomates étrangers, tout le monde le considérait comme un bon enfant. Quand il voulait exposer un plan, une affaire quelconque, il parlait tranquillement, en souriant et en baissant les yeux; Machiavel n'eût pas mieux fait. Il ne prenait jamais d'initiative, n'ayant point le courage nécessaire pour cela, mais avec sa plume et sa parole, il était un exécuteur habile, ne laissant rien à désirer. Des quatre hommes d'État dont j'analyse le caractère, il était peut-être le plus fanatique, mais en silence; il passait cependant pour être tolérant, on le regardait comme un protestant de l'islam. Il n'aimait pas les étrangers et souffrait impatiemment leur immixtion dans les affaires de la Turquie et ceux-ci le considéraient comme leur partisan le plus avéré et lui faisaient cette réputation. L'appui qu'ils lui prêtaient le maintint souvent à son poste contre la volonté du sultan.

J'ai parlé déjà longuement de Fuad pacha, le quatrième de ces hommes d'État. Ces quatre personnages furent tour à tour et souvent ensemble à la tête du gouvernement et de la nation. Quoiqu'ils différassent de sentiment et que leur manière d'envisager les choses ne fût pas la même, ils eurent un même but : relever le pouvoir et le prestige du gouvernement et du monarque, veiller à la gloire de leur pays, lui assurer la prospérité et le bien être.

Riza pacha fut une individualité à part, par son éducation et par la manière dont il fit sa carrière; mais lorsqu'il s'agit de l'intérêt de l'empire, il ne fut jamais un obstacle aux projets de ses collègues.

Les trois autres hommes d'État arrivèrent aux plus hautes dignités par le même chemin et l'on peut dire qu'ils marchèrent en se donnant la main. Si vers la fin de leur carrière Mehmed Ruchdi pacha, qu'Abdul-Medjid avait si justement surnommé le jésuite, parvint à semer la discorde entre eux, jamais elle ne porta atteinte aux intérêts de l'empire; ils restèrent toujours fidèles à la voie qu'ils avaient suivie jusqu'alors. Quand la tombe se ferma sur le dernier d'entre eux on put dire : la Turquie est malade, la Turquie se meurt.

Dans les premiers temps de la réforme, l'attitude des représentants de la Turquie dans les salons où les appelaient les devoirs et les nécessités de leur position, offrit quelquefois des particularités assez amusantes.

Lorsque Fethi-Ahmed pacha gendre du sultan Mahmoud, grand maître d'artillerie, fut envoyé à Paris comme ambassadeur, il prit conseil en ce qui concernait les cérémonies où il avait à figurer, des deux frères Pulawski Mehmed bey et Ahmed bey. Ceux-ci, hommes d'ancienne date, lui donnèrent des instructions conformes aux usages chevaleresques de leur pays. Ils lui apprirent qu'en entrant dans un salon, après avoir salué le maître de la maison, le devoir de tout cavalier accompli était de baiser la main des dames après s'être profondément incliné. Cet hommage respectueux, lui avaient-ils dit, convenait d'autant plus à un Turc que ceux de sa nation passaient pour être grossiers et barbares dans leurs rapports avec les femmes.

Imbu de ces principes Fethi-Ahmed pacha arriva à Paris, la veille d'un grand bal qui devait être donné à la cour. Un ambassadeur de la Turquie réformée, gendre du sultan, était bien fait pour exciter la curiosité générale, surtout celle des Parisiennes. Le grand maître des cérémonies et le premier aide de camp du roi furent envoyés auprès de l'ambassadeur pour le saluer et l'inviter au bal où devait avoir lieu en même temps sa présentation.

Le lendemain, Fethi-Ahmed pacha, revêtu d'un riche uniforme tout brodé d'or, couvert de décorations en brillants, le ceinturon d'or soutenant une épée dont la poignée était incrustée de diamants et de pierres précieuses, le fez orné d'un croissant et d'une étoile de diamants fit son entrée dans les salons du roi. L'effet qu'il produisit est indescriptible, les yeux des dames ne pouvaient se détacher de ce resplendissant fils de l'islam. Après l'avoir présenté au roi, on le conduisit dans le salon où la reine, les princesses et une foule de dames étaient déjà rassemblées. Il s'avança d'un pas rapide comme s'il eût marché à l'attaque, puis s'arrêta brusquement, fit un salut profond, prit la main de la reine et la baisa, puis celle des princesses et ainsi de suite. Les dames le regardaient avec stupéfaction et personne n'osait lui rien dire. Lorsqu'il eut achevé sa tournée il se laissa tomber sur un fauteuil, s'essuya le front en disant : « Je n'en puis plus, pardonnez-moi, je suis plus fatigué que lorsqu'à Varna, je dirigeai une sortie contre les Russes. »

Plus tard ce Turc qui avait fait une entrée si bizarre dans le monde se civilisa si bien qu'on ne l'aurait plus reconnu. Un docteur en droit, M. L..... membre de l'association des amis du peuple, partisan du système Raspail prit la direction de son éducation politique et la belle Mme M..... celle de son éducation mondaine.

Le premier lui apprit à discuter sur les droits de l'homme et à se soigner avec le camphre, la seconde à distribuer des diamants et à vaincre par eux.

L'étude des droits de l'homme faisait pousser des exclamations à Fethi-Ahmed pacha, l'étonnait, mais ne le persuada pas; son intelligence ne pouvait s'identifier avec ces principes. Un jour il était à table avec M. L..... et le docteur D... son favori, médecin de l'artillerie. On se mit à parler de la science profonde de M. L... qui excité par ces louanges et mis en verve par la bonne chère se mit à discourir sur son thème favori. « Oui, Excellence, s'écria-t-il, si Mehmed, cet esclave circassien, si Zulficar, ce nègre d'Éthiopie qui aujourd'hui ne se distinguent des animaux que par la parole, avaient l'intelligence cultivée et quelque idée de leurs droits, nous pourrions traiter avec eux les grandes questions qui intéressent l'humanité, ils nous fourniraient peut-être quelques arguments nouveaux et précieux. Qui sait si nous ne découvririons point quelque Descartes ou quelque Newton nouveaux?

— Ou quelque Raspail, ajouta le pacha. Mon cher L....., étudiez, pérorez sur les droits de l'homme et que Mehmed nous serve à table, qu'il apporte les plats et change les assiettes, que Zulficar les lave et balaie la maison, ils sont nés pour cela, que leur kysmet s'accomplisse. Il vaut mieux pour le bonheur de tout le monde que chacun reste à sa place, c'est le plus sûr moyen de ne point mourir de faim et de ne point éveiller de vilaines passions. »

Les leçons de Mme M..... furent acceptées plus volontiers, mais l'institutrice après avoir prélevé un tribut assez considérable sur la cassette et les écrins du pacha disparut subitement. Les Parisiennes recueillirent la succession et l'on raconte que Fethi-Ahmed revint les mains vides à Constantinople où il reprit son poste de grand maître de l'artillerie. Durant de longues années il vécut encore entre M. L..... et le docteur D..... Ils continuèrent à discuter sans se convaincre mutuellement; cependant la bonne harmonie ne cessa de règner entre eux, car c'étaient des hommes droits et consciencieux.

Un autre ambassadeur de la Porte, Nafi effendi, homme de l'ancien temps, interrogé à une soirée chez M. Guizot par une dame sur ce qu'il pensait des Françaises et surtout des Parisiennes qui portaient alors des manches à gigot et de volumineuses tournures, répondit après avoir réfléchi quelques instants :

« Elles sont semblables à des pies, elles gonflent leurs plumes, s'agitent et babillent, vous font illusion; mais si l'on commence à les plumer elles ne valent pas grand'chose, on ne trouve le plus souvent que la peau et les os. »

Quelqu'un demanda.

« Vous en avez donc plumé, Excellence.

— Oui, » répondit-il, sans se troubler.

Chefik effendi, encore un envoyé de la Sublime Porte était un grand ennemi des chapeaux hauts de forme. Il répétait à toute occasion : tout est joli, élégant chez vous, dans votre monde civilisé, mais ceci, disait-il, en montrant les chapeaux, est laid et inconvenant. Longtemps on ne comprit pas le motif d'une répulsion aussi manifeste pour une coiffure peu esthétique, mais ne péchant pas contre la bienséance, quand un jour il avoua que dans sa jeunesse il avait vu un certain meuble de cette forme et de cette apparence chez une dame chrétienne de son pays. Dieu sait quelle conclusion il tirait de ce singulier rapprochement!

DE LA POLYGAMIE.

La polygamie condamnée et bannie des pays chrétiens où elle est regardée comme contraire à la morale et aux préceptes de la religion, loin d'être défendue chez les musulmans, est plutôt préconisée et conseillée. Si la plupart des Turcs n'ont plus qu'une femme, c'est plutôt par mesure d'économie que pour tout autre motif. J'ai entendu un des principaux dignitaires turcs parler en ces termes de la polygamie : « Quand l'homme n'a qu'une femme, il doit l'aimer, la ménager, être sans cesse sur le qui-vive pour conserver, garder son amour, il est absorbé par le soin de lui plaire, il craint de l'offenser, il doit veiller avec sollicitude sur sa santé, en un mot, il est son eclave. Lorsqu'il en a plusieurs, ce n'est plus la même chose, il peut dire alors qu'il est maître dans sa maison, il peut jouir de la vie, sans craindre les nuages et les tempêtes. J'ai quatre épouses. L'aînée est la maîtresse de la maison, elle reçoit les visites, veille à ce que l'étiquette soit observée; la seconde a la direction de la maison, de la lingerie, de la cuisine; la troisième s'occupe des achats et des comptes; la quatrième la plus jeune, est subordonnée aux autres et soigne les fleurs et le jardin. Chacune a ses attributions, je ne m'occupe de rien, je n'ai qu'à fournir l'argent nécessaire. Si l'une d'elle venait à mourir, il ne serait pas difficile de trouver à la remplacer. L'amour et l'affection partagés c'est le vin mêlé à l'eau, un breuvage sain qui rafraîchit sans enivrer.

« Il n'est pas possible que quatre femmes vivent sous un toit dans une concorde inaltérable, il y a des querelles, des altercations, des disputes que l'on vient me soumettre. Elles se plaignent, j'interroge, je fais des enquêtes, cela m'amuse, c'est un passe-temps; ordinairement je remets mon verdict au lendemain. Pendant le temps qui précède le jugement, les belligérantes font assaut d'amabilité et de prévenance pour me rendre favorable à leur cause. Je profite de ces dispositions intéressées, le temps passe d'une façon agréable et gaie. Je ne rends ma sentence qu'au moment où mon cheval piaffe devant le perron et m'attend pour me mener à la Porte. Sans paraître remarquer la colère, les menaces, le mécontentement qui se peignent sur les figures, je pars sans me retourner, certain que pendant mon absence la querelle recommencera et provoquera une nouvelle intervention de ma part. Je suis heureux, tranquille, je ne m'ennuie jamais, tout cela parce que j'ai quatre femmes au lieu d'une. »

Pendant quelques années je fus voisin de ce personnage, haut dignitaire de l'empire, et j'ai pu m'assurer de la justesse de ses assertions; il vit encore. C'est un grand seigneur, d'une éducation raffinée, parlant plusieurs langues étrangères presque avec autant de facilité que la sienne.

KARAGUEUZ.

Karagueuz (l'œil noir), représentation populaire rappelant les polichinelles italiens, les lanternes magiques allemandes, les marionnettes slaves, mérite d'attirer l'attention. C'est une satire quelquefois spirituelle, quelquefois offensante, cynique, visant toujours à un même but : *Ridendo castigat mores.*

Cette satire vise invariablement les dignitaires de l'État, les hommes connus, les us et coutumes, les mœurs ; le sultan lui-même n'échappe pas à sa verve malicieuse et caustique. Karagueuz s'installe de préférence à Tophané, sur la place de sultan Mehmed, de sultan Ahmed, du séraskiérat, près des ponts de la Corne d'or et dans presque tous les quartiers de Constantinople. Les Juvénals de ces pièces bouffonnes et humouristiques sont en même temps les entrepreneurs de ces représentations. Les frais d'établissement ne sont pas grands : une baraque en planches dans le genre de celle de Guignol, un poteau surmonté d'une lanterne et d'un petit drapeau rouge orné d'un croissant d'argent et d'une étoile d'or. Les principales marionnettes sont le jardinier (baktché-van) et le bouffon Karagueuz; il y en a d'autres encore, secondaires et accessoires; elles sont mises en mouvement par des individus cachés derrière le rideau de planches, qui changent leur voix selon qu'ils ont à faire parler des hommes ou des femmes. C'est ordinairement le jardinier qui paraît le premier sur la scène; il plante ses choux quand survient Karagueuz qui gambade, et fait mille polissonneries; il lui demande ce que l'on raconte en ville. Karagueuz ne se fait pas prier, il se met à parler et au fur et à mesure introduit divers personnages selon les besoins de sa narration. Autant que je me le rappelle, voici quelques scènes dont j'ai été le spectateur :

Au commencement de la réforme, sous le sultan Mahmoud, le Géorgien Mehmed-Réchid pacha, renégat, surnommé *fils de pope,* était à la fois grand vizir et séraskier. C'était un homme de guerre; il avait dompté les Arnaoutes, les Kurdes, les Arabes, défendu Chumla en 1827 et en 1828. Sa vie était remplie d'épisodes militaires et dramatiques. A Koniah, il commandait les armées du sultan contre les Égyptiens d'Ibrahim pacha. Avec un régiment de cavalerie, ayant à ses côtés trois Cosaques de Nekrassof (1), il alla à la reconnaissance des troupes égyptiennes. Ces Cosaques l'accompagnaient dans toutes ses expéditions, il croyait en eux comme en son sabre et en son cheval : c'était sa trinité.

Les environs de Koniah sont couverts de roseaux dans lesquels se cachent des troupeaux de buffles sauvages. Effrayés par la cavalerie égyptienne, ces animaux affolés se jetèrent sur l'escorte de Réchid pacha ; les chevaux se cabrèrent, le désordre et la panique se mirent parmi les soldats qui s'enfuirent laissant le pacha seul avec ses trois Cosaques.

(1) Les Cosaques de Nekrassof sont aussi appelés Ihnat-Cosaques, du nom de leur premier chef Ihnat Nekrasa, lieutenant de Stenko Razine. Ihnat-Nekrasa, après avoir défendu avec ses soldats Anapa contre les khans de Crimée et de Boudjak, se réfugia, lorsque cette forteresse fut prise par le feld maréchal comte Gudovitch, sur le territoire turc avec ses Cosaques, leurs armes, leur chancellerie, leurs richesses. Ces guerriers, disciplinés et organisés sur le modèle de Zaporogues, prirent le nom de Cosaques d'Ihnat-Nekrasa et servirent les sultans.

Ceux-ci firent bonne contenance; suivant l'exemple de leur chef, ils tirèrent leurs sabres du fourreau, éperonnèrent leurs chevaux et se défendirent bravement; deux Cosaques tombèrent pour ne plus se relever, le troisième fut démonté ainsi que le pacha, tous deux furent faits prisonniers. Malgré tous les témoignages de respect qu'on leur prodigua, malgré le bien-être dont on les entoura, ni le grand vizir, ni son humble compagnon ne voulurent prendre de nourriture. Le huitième jour Mehmed-Réchid sentant sa fin prochaine remit son sabre à Ivan Mazanow le chargeant de le remettre au sultan; puis il mourut. Le Cosaque rompit son jeûne auquel son tempérament robuste et sa jeunesse lui avaient permis de résister et remplit la mission dont son maître l'avait chargé.

Un an avant cet événement, Mehmed-Réchid était à Constantinople; Karagueuz l'avait représenté assis sur un tapis, les pieds croisés sous lui, fumant un long chibouque. Plusieurs individus se présentaient devant lui pour lui lire leurs rapports. L'un racontait que la reine d'Angleterre était courroucée contre le sultan, un autre que les Américains ne voulaient pas remplir les conditions du traité de commerce conclu avec eux; un troisième que l'empereur d'Autriche avait ordonné d'annexer à la carte de ses États la Bosnie, la Serbie et la Bulgarie. A chaque rapport, il répondait invariablement : qu'on amène mon cheval, qu'on me donne mon sabre, Ihnat Cosaques, à cheval!

Ceci plut tellement au grand vizir qu'il alla lui-même voir Karagueuz et le récompensa généreusement, en disant à ceux de sa suite : « En vérité, voilà la seule réponse qui vaille quelque chose : à cheval et l'épée à la main. Tant que nous répondrons ainsi à toutes les questions et à toutes les difficultés qu'on nous suscite, notre empire sera fort et puissant, notre gloire s'imposera au monde entier. Quand nous descendrons de cheval pour monter en voiture, les giaours nous mettront la corde au cou; quand nous renoncerons à nos sabres, ce sera fini de nous. »

Toutes les critiques que fit Karagueuz sur d'autres dignitaires de l'empire ne lui rapportèrent pas toujours de beaux bénéfices.

Une autre scène dont je me souviens représentait un jeune homme de bonne mine qui venait demander à Karagueuz des conseils sur la carrière qu'il devait embrasser. Celui-ci réfléchit un peu, se mit à rire et l'engagea à entrer dans la marine, l'assurant qu'il deviendrait incontestablement amiral, car il ne savait rien et c'était justement ce qu'il fallait pour obtenir ce grade. Au bout de quelque temps, on voit reparaître le jeune homme revêtu d'un uniforme d'amiral richement brodé, il raconte les péripéties de sa carrière.

« Je m'embarquai sur un vaisseau, dit-il, je naviguai, je naviguai, il répétait le mot pendant cinq minutes au moins, et parti de l'amirauté je jetai l'ancre devant le palais du sultan à Dolma Baktché. Je repartis et de nouveau je naviguai, je naviguai de Dolma Baktché à l'amirauté, j'acquis de la pratique et je devins un loup de mer comme les Anglais.

« Sur le vaisseau à trois ponts *Mahmoudié*, battant pavillon amiral, il y avait une quantité de rats qui après avoir dévoré toutes les provisions s'attaquèrent au bois et au métal même du navire, celui-ci allait sombrer quand je fis venir douze chiens terriers anglais qui détruisirent l'ennemi. J'avais sauvé les hommes de la famine, et empêché le bâtiment de périr. Le sultan entendit parler de mon action glorieuse et en récompense me donna sa sœur en mariage. »

C'était le récit de la vie publique et de la carrière de Iaze Mehmed-Ali pacha, beau-frère du sultan. On ne dit pas que Karagueuz ait reçu quelque gratification.

La troisième représentation à laquelle j'assistai était immorale et inconvenante, elle mettait en scène les honteuses amours du boiteux Husrew pacha avec les garçons ; on y avait joint l'apothéose du sultan Mahmoud. Husrew poussait des exclamations A... A... A...; à chacune d'elles il faisait donner trente coups de bâton aux jeunes gens sur la plante des pieds, afin que le mauvais esprit descendît de leur cerveau à leurs extrémités et en sortît avec leur sang.

A l'une de ces représentations, je fus tout étonné de voir un vieux Turc à l'apparence respectable et aisée amener deux jeunes fillettes. Je lui demandai pourquoi il les exposait à voir des choses si obscènes, il répondit :

« Qu'elles apprennent ; tôt ou tard elles sauront tout cela ; mieux vaut les instruire que de les laisser dans l'ignorance. »

Dans les premiers temps du règne d'Abdul-Azis, quand on entendit parler des essais de gouvernement personnel du jeune sultan, de ses excursions à travers la ville, de la faveur de Zia bey et de Mouktar bey, du crédit décroissant des vieux serviteurs de l'empire, Karagueuz commença à caricaturer ceux-ci d'une manière cruelle, entre autres Mehmed-Kibrizli pacha. On le représenta remuant les bras comme un moulin à vent et criant à tue-tête qu'il reconnaissait les voleurs à leur manière d'avaler. Un vieil iman s'avançait alors et lui amenait sa propre femme, son beau-frère et son beau-fils les poches gonflées à éclater, d'or, d'argent et de caïmés. La satire était mordante. On refréna les licences de Karagueuz. Sous peine des punitions les plus sévères, on défendit d'introduire sur la scène les hauts dignitaires et les fonctionnaires de l'empire.

Karagueuz descendit depuis à des farces grossières, vulgaires, sans aucun intérêt ni signification.

RÉPUGNANCE DES TURCS POUR L'OCCIDENT.

Le fanatisme, de quelque croyance religieuse qu'il provienne, agit plus puissamment que tout autre sentiment sur la vie sociale et publique des nations; celui qui découle de l'islamisme engendre sans contredit moins que les autres de mépris et de haine. Mahomet se servit du fanatisme religieux de l'islam pour fonder son empire par la conquête, pour vaincre les peuples de foi différente et les dominer, mais non pour les détruire et les éloigner de lui.

Le prophète musulman a compris et pratiqué cette vérité répétée de nos jours par Skobeleff, le héros de la Russie slave, qu'il faut lutter sans miséricorde, sans pitié, contre l'ennemi jusqu'à ce qu'on ait brisé sa résistance ; mais dès qu'il crie : Aman! et se soumet, il faut remettre le sabre au fourreau; il faut laisser ses peuples en paix, ne pas se venger du passé, ne pas l'irriter et le tourmenter par des cruautés intempestives et la manifestation d'un mépris humiliant. On doit au contraire le protéger et l'assister.

Le peuple vaincu doit payer les impôts, fournir ce qu'il pourra et ce qu'il devra pour entretenir et défendre l'empire conquérant : il sera utile au lieu d'être hostile et nuisible.

Voilà la doctrine qu'expose Mahomet dans le Coran, telle est l'opinion que le guerrier slave de nos jours cherchait à propager.

On interpréta souvent faussement ces vérités, il y eut des abus indignes et criminels que l'on chercha à couvrir du manteau de la religion aussi bien chez les mulsumans que chez les chrétiens, mais j'aime, à le répéter, le mépris pour les individus de foi différente n'est pas enseigné par le Coran et pratiqué dans la vie journalière comme il l'est chez les Israélites et jusqu'à un certain point chez les chrétiens.

Les musulmans, outre quelques aliments et quelques boissons qui leur sont défendus, plutôt au point de vue hygiénique qu'au point de vue religieux, mangent et boivent comme tout le monde, s'assoient à la même table que des personnes de croyance différente. Ils se marient avec des femmes qui ne sont pas de leur religion et ne les forcent pas à en changer. Ces mariages mixtes ne sont pas rares, dans toutes les sphères de la société; en province, chez les slaves musulmans ils sont plus fréquents encore.

Guiritli-Mustafa pacha l'un des anciens compagnons et lieutenants de Méhémet-Ali, pacha d'Égypte, grand vizir de la Porte en 1853 avait épousé une chrétienne; c'était la mère de Vély pacha bien connu à Paris, où il fut ambassadeur et se fit remarquer par son luxe et ses dépenses. Tous les dimanches elle allait à l'église avec une escorte turque. Lorsque le patriarche venait en visite au conak de Mustafa pacha, il était reçu par lui au bas de l'escalier, et souvent ce dignitaire de l'Église orthodoxe s'asseyait à la même table que les dignitaires musulmans.

La mère d'Ahmed-Rassim pacha, qui fut tour à tour gouverneur de plusieurs provinces de l'empire, était chrétienne, femme d'un janissaire de haut grade dont elle avait sauvé la vie. Loin de l'obliger à changer de religion, il la laissa libre d'élever son fils dans sa foi. Plus tard Rassim se fit musulman et continua d'habiter avec sa mère qui se remaria, après la mort de son premier mari, avec un employé du consulat de Russie. On pourrait indéfiniment citer de ces exemples qui prouvent mieux que les raisonnements qu'il n'y a chez les Turcs aucune répugnance religieuse pour les étrangers.

Cette répulsion et ce mépris sont nés de la pression exercée par la diplomatie occidentale sur la Turquie et sur les Turcs qu'on peut regarder comme une espèce de revanche des défaites infligées à l'Europe du temps de la grandeur, de la puissance et de l'extension de l'empire des sultans. Alors il fallait compter avec eux, les ruines des sept tours sont encore debout pour l'attester. Puis vinrent les spéculateurs qui se jetèrent comme des oiseaux de proie sur ce beau et riche pays; plus que toute autre cause, ils ont éveillé ces sentiments d'animosité que l'on attribue si faussement au fanatisme. Armés de duplicité, de mauvaise foi et d'insolence, ils guerroyèrent pour assurer le succès de leurs entreprises et de leurs réclamations arbitraires. La diplomatie, comme un corps de réserve, se tenait prête à les assister dans les bonnes et les mauvaises causes. L'étranger gagnait toujours, quelque véreuses que fussent ses affaires, le Turc perdait contre toute justice, puis il payait de son argent, de sa liberté, de sa santé, quelquefois de sa vie, car la Porte n'osait, pour défendre le bon droit, résister à la pression qu'il fallait adoucir et faire cesser, en cédant bon gré mal gré. Les Anglais suscitèrent le plus souvent ces affaires répugnantes; leur exemple fut suivi par les autres nations, les Autrichiens, les Italiens, les Grecs, les Allemands, les Français et les Russes. Les Américains avec leurs bibles et leurs missionnaires envahirent le pays et causèrent aux Turcs des embarras que réprouvaient leur esprit et leur caractère.

Avec les juifs et les Arméniens, hommes d'Orient comme eux, les Turcs s'arrangeaient toujours.

Les Anglais causèrent le plus d'ennuis aux Turcs, aussi en étaient-ils fort redoutés. La grande puissance commerciale du monde, qui avait grandi par le commerce, qui par lui dictait des lois à l'univers, devait à juste titre protéger le négoce et les négociants. Beaucoup d'Anglais qui avaient eu le malheur de perdre leur fortune dans des spéculations malheureuses et avaient été obligés, disons le mot, de faire banqueroute, obtinrent des postes de consuls, de vice-consuls, d'agents consulaires dans les États du sultan. Le gouvernement paternel de la Grande-Bretagne y envoyait ses sujets pour refaire leur fortune. Les agents consulaires ne touchaient point d'appointements, ils se contentaient de percevoir des droits sur les passeports et des autres revenus attachés au consulat. Cela suffisait à couvrir les frais de chancellerie, ceux de l'érection du mât au haut duquel flottait le pavillon de leur nation, ceux des galons dorés qui bordaient leurs casquettes, véritables talismans qui leur donnaient le droit et le privilège de se mêler de tout ce qui était et aurait dû rester du domaine des Turcs. Les autorités musulmanes gouvernaient le pays, les autorités consulaires chrétiennes l'exploitaient à leur gré.

Un agent consulaire avait-il reçu mission d'une maison de commerce européenne d'acheter du blé ou d'autres produits du pays, il montait à cheval, se faisait suivre de cavass et se rendait chez les propriétaires auxquels il proposait un prix à sa convenance, disant que c'était le tarif adopté par la reine d'Angleterre et par le sultan. Il donnait des arrhes, les hommes de sa suite, toujours musulmans, étaient témoins de la transaction. Le vendeur consentait à tout, de crainte des embarras que l'agent pourrait lui susciter, et celui-ci devenait acquéreur aux conditions qu'il avait imposées.

Quand il s'agissait de charger le vaisseau qui attendait sa cargaison dans le port, l'agent consulaire faisait réquisitionner les chariots, les chevaux et les chameaux qui devaient transporter les marchandises et les payait à sa guise. Ces opérations commerciales produisaient des revenus considérables et entraînaient, par contre, beaucoup d'ennuis, de vexations et de pertes pour les habitants. Aucun employé musulman n'osait intervenir et protéger ses administrés, craignant d'être destitué, sinon plus sévèrement puni encore; ils savaient que les ambassades, par principe, mettraient tout en jeu pour soutenir leurs agents.

Lord Redcliffe ne niait pas ces abus, il les trouvait injustes, il les déplorait même, mais il n'admettait pas que l'on pût donner raison aux Turcs et leur permettre de se soulever contre la volonté de l'Europe civilisée, eux des barbares et des fanatiques! Il fallait les obliger à écouter, à respecter les représentants étrangers.

Les consuls mettaient en liberté les voleurs et les brigands, leurs sujets ou leurs protégés, quand bien même les autorités turques les avaient pris en flagrant délit et avaient jugé convenable de les arrêter; ils faisaient en revanche emprisonner les innocents, ils s'imposaient comme associés aux fournisseurs de l'armée. Par l'influence de leurs ambassades, ils faisaient destituer les fonctionnaires qui avaient encouru leur désaffection ou paralysé leurs affaires; ils s'étaient, en un mot, arrogé le droit de bouleverser le pays. La protection de ces agents couvrait une foule d'aventuriers accourus de toutes les parties de l'Europe pour chercher fortune en Turquie; plus intelligents et plus pratiques que les alchimistes du moyen âge, ils avaient trouvé la véritable pierre philosophale : la simplicité, la timidité et le fatalisme des Turcs étaient une riche mine à exploiter pour des gens avides et sans scrupule, se fiant au droit du plus fort.

Voici un fait de peu d'importance qui prouvera jusqu'où les Turcs poussaient la naïveté et la bonne foi à une époque beaucoup plus rapprochée de nous que celle dont j'ai parlé plus haut.

En 1863, un étranger, à bout d'argent et d'expédients imagina, d'après les conseils qu'on lui donna à Bucharest, de se rendre en Turquie. Muni d'un imprimé qu'il avait couvert d'annotations et de cachets, d'une inscription turque et d'un énorme sceau de cire rouge qu'il s'était procurés au consulat ottoman je ne sais par quel moyen, il entra en Turquie. Évitant de s'arrêter dans les grandes villes, il ne manquait pas de le faire dans celles de moindre importance et dans les villages, où il se donnait pour un commissaire inspecteur envoyé par les puissances alliées pour voir si l'on exécutait les réformes du Tanzimat, sanctionnées par le traité de Paris. On le reçut partout lui et sa suite, composée d'aventuriers de son espèce, on l'hébergea, on lui fournit les moyens de transport. Plus d'un mudir ou d'un caïmacan, dont la conscience n'était pas tranquille, lui firent de riches présents pour gagner sa protection. Les habitants lui remettaient en secret des pétitions contenant des plaintes contre leurs autorités, le priant de les appuyer auprès de qui de droit; eux aussi tâchaient par des cadeaux discrètement offerts d'acquérir ses bonnes grâces. Notre escroc promettait tout ce qu'on voulait et prenait des deux mains. Les gouverneurs auxquels on s'adressait pour demander des informations sur cet important personnage répondaient de confiance qu'il fallait le satisfaire en tout. Cet individu exploita aussi habilement qu'impunément la crédulité des populations au milieu desquelles il s'arrêtait, pendant plusieurs mois. Estimant qu'à la longue le métier pouvait devenir dangereux, il disparut subitement et alla jouir du produit de la mission qu'il s'était confiée et dont il avait tiré un si fructueux parti.

En 1869 H... pacha était gouverneur d'une ville de Roumélie, chef-lieu d'un vilayet important. Très habile écrivain, très versé dans les connaissances orientales, ayant rempli plusieurs missions diplomatiques, tout portait à croire qu'il avait acquis l'expérience des hommes et s'était défait de cette bonhomie qui exposait ses compatriotes à être si grossièrement mystifiés; il n'en était rien cependant, ainsi que le prouvera le fait suivant dont j'ai été témoin.

La ville dont je parle était un centre commercial important dont les habitants, pour la plupart commissionnaires de maisons étrangères, trafiquaient de cocons, de céréales, de riz, de soie, de laine; le galon consulaire était souvent leur seul capital et ils en tiraient le meilleur parti possible. Un soir on présenta au gouverneur deux jeunes frenks levantins, connus des négociants de la ville, ils étaient porteurs de papiers écrits en français. Le pacha ne connaissant pas cette langue me pria d'en prendre connaissance.

C'étaient deux lettres ornées d'armoiries, admirablement calligraphiées, l'une de Juarez, président de la république mexicaine, l'autre du président de la république argentine adressées directement à H... pacha, remplies de louanges et de compliments sur son mérite, sur les preuves qu'il en avait données en 1855 lors de sa mission à Bucharest et lui recommandant les deux jeunes gens en question comme leurs agents consulaires. Deux autres lettres aussi en français accompagnaient les premières, elles venaient du drogmanat de la Porte et portaient la signature d'un fonctionnaire grec ou arménien et son cachet; elles demandaient qu'on autorisât ces nouveaux venus à porter provisoirement les insignes attachés à leurs fonctions et à jouir de leurs privilèges jusqu'à l'arrivée de leur exéquatur. Le pacha les reçut avec beaucoup d'égards, leur fit offrir du café et des pipes.

J'étais convaincu pour mon compte que tous ces papiers étaient faux et je conseillai au gouverneur d'attendre l'exéquatur, mais les notables de la ville qui se trouvaient là insistèrent pour que le pacha fît de suite droit à leur prière. Fort embarrassé, H.... pacha me parut prêt à céder; je le pris à part et lui dis : « Comment pouvez-vous recevoir des lettres et obtempérer si facilement à la demande de Juarez qui vient de faire fusiller Maximilien le frère de notre allié l'empereur d'Autriche? » Cet argument parut avoir fait impression sur lui il congédia ces messieurs avec un bakalym (1), forme diplomatique turque pour en-

(1) Nous verrons.

voyer les affaires aux calendes grecques, ce qui ne les empêcha pas quelques jours après de gagner leur cause, de s'installer dans le pays et de se lancer dans des spéculations qui furent, à ce qu'il paraît, assez heureuses. Y a-t-il un pays où l'on rencontre des fonctionnaires aussi crédules et si faciles à exploiter quand on s'impose à eux et doit-on s'étonner si de pareils procédés laissent après eux méfiance, haine et mépris?

En 1841 étant encore simple voyageur, je parcourais le pays et me trouvai à Gallipoli. Après m'être arrêté dans un han, je me rendis auprès du gouverneur accompagné de mon drogman pour présenter le firman dont j'étais porteur, je trouvai là un consul auquel il faisait beaucoup d'honneurs et de politesse. Ce consul avait la physionomie israélite. A peine entendit-il mon nom qu'il se leva subitement et manifesta la plus grande joie.

C'était en effet un juif de mon pays qui, par de bizarres péripéties était arrivé au poste qu'il occupait aujourd'hui. Émigré en 1831 il était arrivé en Turquie où il était entré au service d'un agent consulaire d'Autriche qui faisait le commerce. Il devint son teneur de livre, son plénipotentiaire, son associé, et enfin le remplaça dans ses fonctions. Le respect et les égards que ce personnage me témoigna firent plus pour m'assurer la considération du gouverneur que toutes les recommandations et le firman dont j'étais muni.

Passons à une autre sorte d'exploitation, une exploitation privée si l'on peut l'appeler ainsi.

Un Anglais, M. C....., plusieurs fois banqueroutier, plusieurs fois consul, avait fini par se rendre impossible; son ambassadeur refusa de l'employer, lui conseillant de refaire sa fortune d'une autre manière. C'était un homme actif, connaissant toutes les langues orientales, mais il n'avait pas eu de chance. Il cherchait une combinaison en chassant dans les environs de Constantinople.

Un jour, dans les plaines de San Stefano renommées par le passage des cailles au printemps et à l'automne, il remarqua que les oiseaux qu'il manquait se réfugiaient dans des vignes attenantes à une maison d'habitation que les gardiens et les bergers lui dirent appartenir à Kalugli-Moustafa aga, ancien janissaire fort riche et très original. Mécontent des concessions faites aux giaours par son gouvernement, il détestait les frenks, ne voulant avoir aucun rapport avec eux et les évitant autant que possible.

Voilà mon affaire, se dit M. C.....

Sans perdre de temps, il se mit à chasser dans ces vignes. Moustafa aga lui envoya dire poliment par un de ses serviteurs qu'il ne permettait pas de chasser chez lui et le priait de se retirer.

L'Anglais ne tint aucun compte de cette défense, disant qu'il avait son permis en règle. Il fit si bien que le propriétaire, exaspéré, sortit avec les gens de sa maison pour chasser l'intrus.

M. C....., avec le plus grand sang-froid, posa son fusil à côté de lui, s'adossa à un arbre et attendit.

« Le temps des janissaires est passé, dit-il, ordonnez à votre suite de s'éloigner.

— Tu ne chasseras par sur mes terres, reprit l'aga, giaour que tu es!

— Ne m'insulte pas, crie l'Anglais, ceci est

défendu par les lois. » Le Turc, hors de lui, commença à l'invectiver.

L'Anglais, pendant ce temps, souriait si ironiquement que l'ex-janissaire, tremblant de colère, ordonna à ses gens de se saisir de l'obstiné chasseur, de le coucher à terre et de lui administrer des coups de bâton. M. C....., quoique son fusil fût à sa portée, se donna bien de garde de s'en servir et se laissa exécuter.

Il intenta un procès à Moustafa aga, qu'il accusa d'attaque et de voies de faits sur sa personne, l'ambassade d'Angleterre appuya sa plainte si énergiquement que les Turcs eussent volontiers fait couper la tête de Mustafa afin de se débarrasser de cette affaire. M. C.... n'était pas cruel, il se contenta d'une forte indemnité pécuniaire qui rétablit sa fortune et l'on obligea au tribunal, le pauvre musulman à remercier M. C.... de sa magnanimité. Plus tard cet Anglais devint rédacteur d'un journal de la localité, et reçut des appointements considérables qui lui permirent d'élever sa nombreuse famille.

Le janissaire était coupable de s'être laissé emporter par la colère et de s'être fait justice lui-même au lieu de recourir à son autorité légale; il fut puni et d'une façon mortifiante, puisqu'il dut publiquement faire des excuses à son spoliateur, le reconnaître en quelque sorte comme son bienfaiteur.

Cette manière d'agir des Européens, qui se renouvela si fréquemment dans les premiers temps de la réforme, ne pouvait pas éveiller la sympathie et la confiance des Turcs pour une civilisation qui ne se traduisait pour eux que par des injustices. Voilà où il faut chercher le véritable motif de l'aversion et de la rancune des Turcs plutôt que dans le fanatisme religieux.

FIN.

www.ingramcontent.com/pod-product-compliance
Lightning Source LLC
LaVergne TN
LVHW020548230826
846091LV00002B/414

* 9 7 8 2 0 1 9 7 1 1 5 4 2 *